MW01423756

Laugengebackenes
Brezeln, Brötchen und mehr

Landbuch
Verlag Hannover

Hanna Renz / Simon Buck
Laugengebackenes – Brezeln, Brötchen und mehr
(Landküche). – 1. Aufl. –
Hannover: Landbuch Verlag Hannover, 2005.
ISBN 3 7842 0641 7
1. Auflage 2005
© Landbuch Verlagsgesellschaft mbH Hannover
  Kabelkamp 6, 30179 Hannover
  Tel.: 05 11 / 2 70 46-0 · Fax: 05 11 / 2 70 46-2 20
  buch@landbuch.de · www.landbuch.de

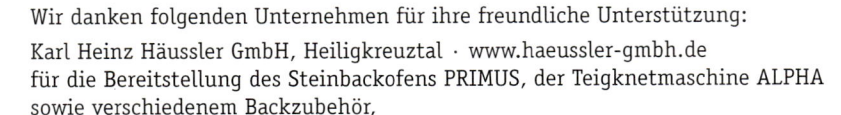

Wir danken folgenden Unternehmen für ihre freundliche Unterstützung:

Karl Heinz Häussler GmbH, Heiligkreuztal · www.haeussler-gmbh.de
für die Bereitstellung des Steinbackofens PRIMUS, der Teigknetmaschine ALPHA
sowie verschiedenem Backzubehör,

Arnold Holste Wwe. GmbH & Co KG, Bielefeld · www.holste.de
für die Beilage des KAISER NATRON.

Alle Rechte vorbehalten. Reproduktionen, Speicherung in Datenverarbeitungsanlagen, Wiedergabe auf elektronischen, fotomechanischen oder ähnlichen Wegen, Funk und Vortrag – auch auszugsweise – nur mit Genehmigung des Verlages.

Alle in diesem Buch enthaltenen Angaben, Daten, Ergebnisse usw. wurden von den Autoren nach bestem Wissen erstellt und von ihnen und dem Verlag mit größtmöglicher Sorgfalt überprüft. Eine Verantwortung und Haftung für etwaige inhaltliche Unrichtigkeiten kann jedoch nicht übernommen werden. Der Haftungsausschluss gilt nicht, soweit nach dem Produkthaftungsgesetz für Personen- und Sachschäden gehaftet wird.

Jeder Leser muss beim Umgang mit den genannten Stoffen, Materialien, Geräten usw. Vorsicht walten lassen, Gebrauchsanweisungen und Herstellerhinweise beachten sowie den Zugang für Unbefugte verhindern.

Projektleitung und Redaktion: Landbuch Verlag Hannover
Gestaltung: neue räume gmbH & co. kg, Hannover
Fotografie: Andre Chales de Beaulieu, Hannover
Druck: J.P. Himmer GmbH & Co. KG, Augsburg
Gesamtherstellung: Landbuch Verlag GmbH, Hannover

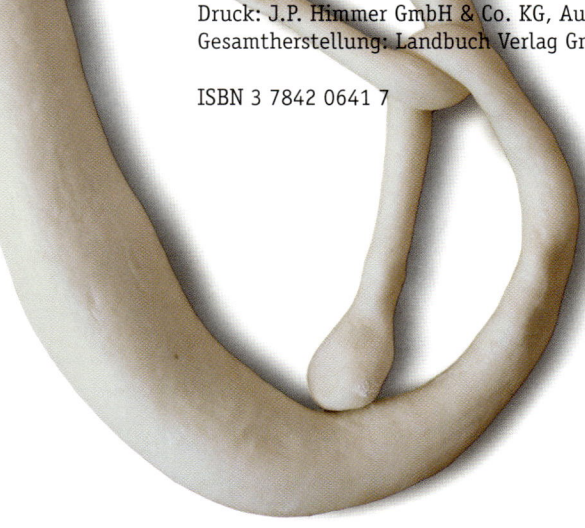

ISBN 3 7842 0641 7

Liebe Leserinnen und Leser!

Laugengebackenes – über die Landesgrenzen hinaus schon lange als schwäbische Spezialität bekannt, ist nun nicht mehr nur Bäckersache. Mit diesen Rezepten kommen die Originale in Ihre Küche, sogar der echte Bäckerduft zieht in Ihr Heim und lockt Groß und Klein in die Küche. Frisch gebackenem Laugengebäck kann kaum einer widerstehen.

Zu jeder Tageszeit beliebt, ob zum Sonntagsfrühstück oder als sommerliches Mittagsmahl, einfach zwischendurch oder zum gemütlichen Abend. Seine absolute Stärke beweist es bei jedem Fest und bei der Party. Da soll dann der Wein dazu nicht fehlen. Dazu ein Wort:

Laugengebackenes und Wein – das ist fein!

Auch mal mit viel Butter und edlem Kaffee – mit und ohne Sonntagskleid, eine ganze Besonderheit!

Da die Brezel und ihre Verwandten sehr patriotisch sind und als Markenzeichen für Deutschland stehen – übrigens ihr Bekanntheitsgrad ist weltweit, einer Marke gleich wie „Porsche" oder „Mercedes Benz", die auch nicht verstecken können, dass ihre Schöpfer den Geistesblitz für die richtig großen Werke beim Brezelessen gehabt haben sollen ... Aber genug dazu. Da ahnen Sie schon, auf was ich hinaus will: Bei Laugengebäcken vervollständigt sich der Genuss erst mit dem richtigen Getränk, einer Symbiose gleich, und das muss den gleichen Ursprung haben, wie die Brezel – bieten wir Ihnen wieder das Beste, was dieses Land erzeugt an: Wein aus allen 13 deutschen Weingebieten, von ausgesuchten Weingütern und Weinbauern, die mit Liebe ihren Wein herstellen, so wie Sie Ihr Gebäck. Ebenso beste Röstungen edler Kaffees aus heimischen Röstereien. Und das lässt sich schmecken, da ist jede gemütliche Runde und jedes Fest eine Freude.

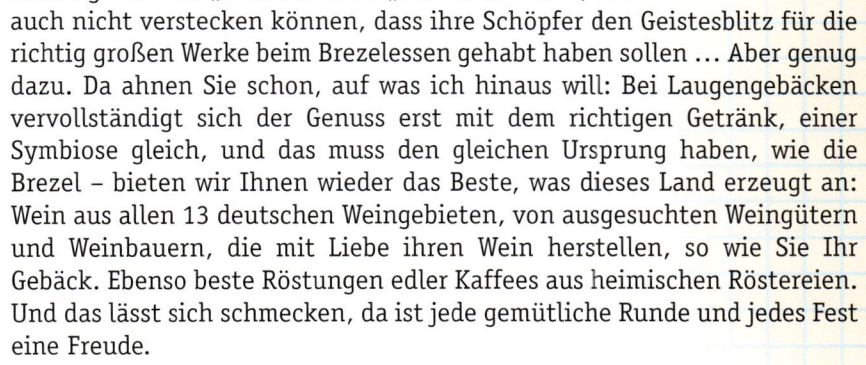

Viel Spaß beim Backen und Genießen.

Ihre

Hanna Renz

Inhaltsverzeichnis

Vorwort 3

Zur Geschichte des Laugengebackenen 5

Getreide, das besondere Gold 8
Die wichtigsten Getreidearten
unserer Zeit 9
Bestandteile eines Weizenkorns 9
Vom Getreide zum Mehl 10
Die Typenzahlen verschiedener
Mahlerzeugnisse 11
Im Handel vertriebene
Mehl-Typenklassen 11

**Backwaren sind wichtig
für unsere Ernährung** 12

Weitere wichtige Backzutaten 14

Natronlauge (Brezellauge) 16
Was ist beim Umgang mit Brezellauge
zu beachten? 17
Was tun bei
Verätzungen mit Brezellauge? 17

„step by step": Die kleine Backschule 19
Der Vorteig und seine Vorteile 19
Hefeteig herstellen leicht gemacht 20
Was eine gute Teigknetmaschine
können muss 22
Brezel schlingen halb so schlimm 23
Bagels, die besonderen Kringel 24
Flechten mit 2 Strängen 25
Flechten mit 1 Strang 26
Der Blitzblätterteig 26
Der Croissantteig 28
Snacks aus Croissantteig 29

**Die verschiedenen
Belaugungsmethoden** 31

Das Einschneiden von Backwaren 33
Das Backen von Laugenbackwaren 34

Geheimnisse des Bäckermeisters 35
Sonntagsbrötchen zu Hause backen 35
Teiglinge vorbereiten 36
Laugenbackwaren ohne Lauge 37
Wenn es schnell gehen muss 37
Aufbewahren von Backwaren 37

**Erste-Hilfe-Maßnahmen ...
so lange es noch was zu retten gibt** 38
Der Teig ist zu fest 38
Sie haben das Salz vergessen 38
Der Teig geht nicht auf 38
Die Laugenbackwaren bekommen im Ofen
keine Farbe 38
Die Laugenbackwaren
werden schnell dunkel 39
Die Kruste ist klitschig 39
Was tun mit übrigen Backwaren? 40
In diesem Buch verwendete Abkürzungen ... 40

Rezeptteil:
Laugenbrezeln 41
Laugenbrötchen, Bagels 58
Laugenbrote 80
Laugengeflechte und Figuren 98
Laugengebackenes mit Füllungen 113
Spezialitäten und
Gebäck für besondere Anlässe 133

Wein- und Kaffeehandel-Verzeichnis 152
Die Autoren 155
Rezept-Register 156

Zur Geschichte des Laugengebackenen

Seine Geschichte ist noch nicht so alt wie die Brezel, oder doch? Immerhin war die Brezel der Träger des ersten Laugengewands und somit ist über sie hier doch einiges zu erwähnen.

Über die Herkunft der Brezel wurde viel diskutiert, hart ausgefochten, ob die Brezel nun in Württemberg oder Bayern erfunden wurde. Auf jeden Fall schmeckt sie und erfreut sich größter Beliebtheit.

Freilich ist die Brezel in ihrer Form so vielfältig wie Land und Leute auch. So vielfältig wie der Wein der verschiedenen Anbaugebiete. Wer mag hier aber in „besser oder schlechter" unterscheiden? Sie sind einfach anders, interessant in Originalität und Vielfalt, sowohl in Form als auch im Genuss. Passt zur württembergischen Brezel in ihrer eigenwilligen Dynamik ein Wein, so ist zur bayerischen Schwester eher ein Bier zu bevorzugen. Kaffee allerdings und viel Butter ist zu beiden ein Gedicht.

Es haben sich selbst Politiker, Maler, Cartoonisten, Dichter und andere Künstler mit der Brezel auseinander gesetzt – ein Zeichen dafür, dass die Brezel mit dem Leben und der Tradition im Land fest verbunden ist. Sogar als Wahrzeichen in der Backkunst hat sie ihren Platz eingenommen.

Die Brezel hat ihre Wurzeln schon vor dem 2. Jahrhundert. Wie der Weinbau, so fand auch die Brezel ihre Entwicklung und Verbreitung durch die Klöster. In der ursprünglichen Ringform diente sie über die Jahrhunderte als Abendmahlsgebäck und entwickelte sich vom 9.–11. Jahrhundert schrittweise zur heutigen Brezelform.

Die württembergische und wahrscheinlich stichhaltigste Variante der Laugenbrezelentstehung erzählt von der Not des damaligen Bäckers Frieder in Urach, zum Tode verurteilt, wie er durch die Erfindung der Brezel, als ein Gebäck durch das dreimal die Sonne scheint, bei Graf Eberhard Gnade fand. Kurz vor Ablauf der Frist entstand durch einen tragischen Sturz der Teigware in den Laugenputzeimer notgedrungen die geschichtsschreibende Belaugung.

Hoch interessant und sagenumwoben ist die Entwicklung dieses Gebäcks durch die Höhen und Tiefen der Weltgeschichte und verdient bedachten alltäglichen und festlichen Genuss.

Die Brezeln sind längst über die Grenzen Süddeutschlands gewandert. Bereits aus dem 18. Jahrhundert gibt es Hinweise über die Verbreitung bis nach Nordfriesland, Böhmen, Österreich, ja, selbst die Chinesen erfreuten sich schon damals der schwäbisch-mitteleuropäischen Köstlichkeit.

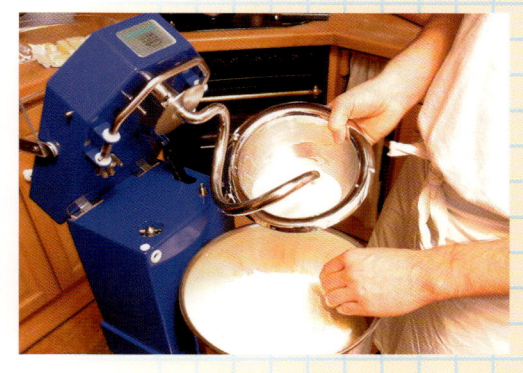

In den USA ist sie als deutsche Spezialität beliebt. Und überall, wohin es deutsche Siedler verschlagen hat, sind Brezeln zu finden.

Seit jeher ist die Brezel ein Begleiter des täglichen Lebens: Babys lutschen trockene Laugenbrezeln, vorbeieilende Menschen, die schnell eine Brezel als Zwischenimbiss verspeisen, die Brezel als Liebling bei Meetings führender Köpfe – ein oder kein Wunder: Früher wurden der Brezel schon religiöse und kultische Eigenschaften zugeschrieben. Beruhigte sie doch unruhige Kinder, beflügelte sie die Kreativität der Erfinder, umschlang sie ihr zugeneigte Herzen ...

Was früher abergläubische Folgerungen förderte, hat sich beim Nachdenken und Nachforschen meist simpel aufgelöst. Scheinbar lindert die Laugenkruste bei Babys die Zahnungsschmerzen und vermittelt das Lutschen Geborgenheit.

Trockenes Laugengebäck wird gerne lindernd bei Magen-Darm-Beschwerden genossen. Die komplexe Dynamik und elegante Schlüsse der württembergischen Brezel entspannen und fördern möglicherweise das schöpferische Denken und Empfinden der Psyche. Kein Wunder – das Wunder liegt eher beim Erfinder der Brezel –, die Not, die erfinderisch macht?

Auf jeden Fall entstand die Idee dieses Buches aus dem herrlichen Duft und dem wunderbaren Genuss des Laugengebackenen. Und besonders die einfache und völlig ungefährliche Möglichkeit, mit Haushalts- oder Backnatron daheim belaugen zu können, hat entscheidend dazu beigetragen.

An der Verbreitung tiefgekühlter Teiglinge und belaugten Dauergebäcks über Supermärkte ist leicht zu erkennen, dass es sich bei Laugengebackenem wohl um ein beliebtes Produkt und lukratives Geschäft handeln muss.

Aber selbst Gebackenes ist selbst Gebackenes. Und frisch gebackenes Laugengebäck schmeckt eben am besten. Wer es also frisch genießen will, muss es schließlich selbst backen, um es ganz frisch zu haben. Entdecken Sie auch die große Freude, die Sie mit Laugengebackenem bei Ihren Gästen wecken.

Getreide, das besondere Gold

Dass Getreide wertvoll und wichtig ist, das haben die Menschen schon vor fast 8000 Jahren erkannt. Die Entwicklung des Getreideanbaus ist von jeher mit der Kulturgeschichte des Menschen eng verbunden. Durch Missernten von Getreide kam es in der Geschichte immer wieder zu Völkerwanderungen. Dies kann man schon in der Geschichte aus 1. Mose 37-50 erkennen, als Josef nach Ägypten verkauft wurde. Durch diese, anfänglich tragische Geschichte, wurden ganze Völker gerettet, da genügend Getreidevorräte vorhanden waren.

Überall da, wo Menschen sesshaft wurden und mit der Feldbestellung begannen, entstanden Getreide-Hochkulturen. Durch bewusste Auslese der wild wachsenden Gräser brachte man verschiedene Arten von Getreide hervor. Heute spricht man von bis zu 4000 unterschiedlichen Getreidesorten.

Zu den ersten Zubereitungsarten von Getreide zählen Brei und Fladen. Durch grobes Zerstoßen der Getreidekörner unter Zugabe von Wasser, wurde ein Getreidebrei hergestellt. Durch das Backen des Getreidebreis auf erhitzten Steinen entstand das Fladenbrot.

Das Brot, wie es heute bei uns bekannt ist, hat seinen Ursprung bereits etwa 2000 Jahre vor Christus. Das Brot wurde schon damals in Ägypten mit Zusätzen wie Hefe und Sauerteig gebacken. Die ägyptischen Bäcker kannten in dieser Zeit bis zu 16 unterschiedliche Brotsorten.

Bis ins 16. Jahrhundert wurde vor allem Gerste angebaut und galt als die wichtigste Getreideart.

Die wichtigsten Getreidearten unserer Zeit

Weizen, Reis und Mais sind heute die wichtigsten Getreidearten der Weltbevölkerung. In Europa wird vor allem Weizen, Dinkel, aber auch Roggen angebaut. Die Roggenerzeugung im Vergleich zur Weltgetreideerzeugung ist sehr gering, in unserer Region aber sehr wichtig. Da Roggen widerstandsfähiger und anspruchsloser ist als anderes Getreide, setzte sich der Anbau von Roggen sehr schnell durch. Dies vor allem auch in klimatisch raueren Gebieten. Roggen ist neben Weizen das wichtigste Brotgetreide. Zu den Brotgetreiden zählen Weizen, Dinkel und Roggen.

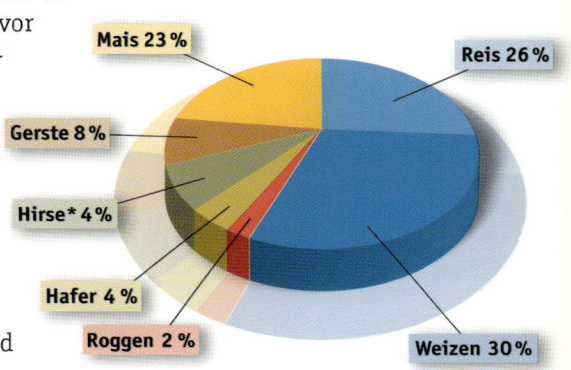

Mais 23 %
Reis 26 %
Gerste 8 %
Hirse* 4 %
Hafer 4 %
Roggen 2 %
Weizen 30 %

Quelle: aid

Die jährliche Getreidemenge, die in Deutschland in einem guten Erntejahr eingefahren wird, beläuft sich auf rund 50 Mio. Tonnen Getreide. Davon liegt die Erntemenge von Weizen bei fast 25 Mio. Tonnen. Daraus lässt sich erkennen, dass der Absatz von Weizen, im Vergleich zu anderen Getreidearten, am höchsten liegt.

Das wichtigste Brotgetreide rund um den Globus ist immer noch der Weizen. Fast 300 Weizenarten werden weltweit geerntet. Auf der Welt-Ackerfläche wird heute etwa 60 % Getreide angebaut. Die einzelnen Getreidearten haben, wie aus der Abbildung ersichtlich, weltweit ganz unterschiedliche Anteile.

Bestandteile eines Weizenkorns

Weizen beinhaltet einen hohen, so genannten Kleberanteil, was ihm hervorragende Backeigenschaften verleiht und dadurch eine wichtige Rolle beim Backen übernimmt.

Außer dem Kleber hat das Weizenkorn noch viele andere wichtige Bestandteile. Wichtig, nicht nur für die Backfähigkeit des Brotes, sondern auch für unsere Ernährung.

Der Keimling (2–3 %), auch „Träger des neuen Lebens", enthält die lebensnotwendige Fortpflanzungssubstanz des Korns. Der Keimling ist reich an Eiweiß- und Fettstoffen, wichtigen Mineralstoffen, Vitaminen und Enzymen.

Der Mehlkörper (80–85 %) ist die Nährstoffreserve für den wachsenden Keimling. Im Mehlkörper befinden sich Zellen, die vor allem mit Stärkekörnchen und kleberbildenden Eiweißen gefüllt sind. Im Zentrum des Mehlkörpers befinden sich größere Zellen, woraus Griese und helle Mehle gewonnen werden. Am Rande dagegen befinden sich mehr kleberbildende Eiweiße, Mineralstoffe und Vitamine.

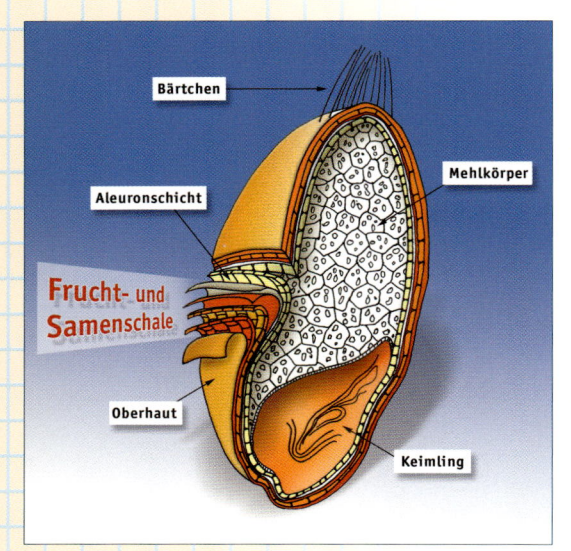

Die Aleuronschicht (7–9 %) umschließt den Mehlkörper und liefert für den Keimungsvorgang Nachschub an wichtigen Enzymen und Vitaminen. Die inhaltsreiche Aleuronschicht wird bei der Gewinnung heller Mehle zusammen mit der Schale als Kleie abgesondert.

Fruchtschale- und Samenschale (6–8 %) schützen das Weizenkorn vor äußeren Einflüssen. Die Fruchtschale besitzt ein großes Wasserbindungsvermögen und quillt beim Keimungsvorgang auf. Die Samenschale dagegen verhindert, dass Inhaltsstoffe vom Mehl austreten und als Nahrung dem Keimling erhalten bleiben. Die Schale sowie das *Bärtchen*, das bei der Atmung des Weizenkorns beteiligt ist, werden bei der Gewinnung heller Mehle vollständig entfernt. Bei Vollkornerzeugnissen dagegen bleiben sie weitgehend erhalten. Die Schalenteilchen sind für den menschlichen Körper unverdaulich und zählen zu den wichtigen Ballaststoffen in der Ernährung.

Vom Getreide zum Mehl

Getreideerzeugnisse sind Produkte, die durch verschiedene Arbeitsschritte in Mühlen zerkleinert werden. Die Zerkleinerung findet in einer Steinmühle, Hammermühle oder im Walzenstuhl statt. Sobald das Getreide nicht nur zerkleinert, sondern in verschiedene Kornbestandteile getrennt werden soll, bedarf es einer aufwändigen technischen Einrichtung. Durch spezielles Sieben werden die unterschiedlichsten Getreideerzeugnisse und Mehle gewonnen.

Bei der Vermahlung von Getreide zu Vollkornmehlen wird das ganze Korn vermahlen und als Vollkornmehl gewonnen. Je weniger Mehl bei einer Vermahlung anfällt, umso hellere Mehle wurden gewonnen, d.h. umso mehr Bestandteile des Korns wurden abgesondert.

Die Typenzahlen verschiedener Mahlerzeugnisse

Das im Handel angebotene Mehl wird in einheitliche Typenzahlen gegliedert. Die Typenzahl wird hinter der Mehlbezeichnung angegeben und gibt somit Auskunft, wie hoch der Mineral- und Vitalstoffgehalt im jeweiligen Mehl ist. Umso höher die Typenzahl ist, umso dunkler und nährstoffreicher ist das Mehl. Selbstverständlich beinhalten Vollkornmehle die meisten Nährstoffe, auch wenn hier keine Typenzahl angegeben wird.

Hinweis: Je höher die Mehltype ist, umso höher auch das Wasserbindevermögen. Werden dunklere Mehle als angegeben verwendet, muss evtl. mehr Flüssigkeit zugegeben werden. Da es sich beim Mehl um ein Naturprodukt handelt, kann es trotz Typenzahlen, von Mühle zu Mühle Unterschiede geben, was sich auch auf das Wasserbindevermögen auswirken kann. Deshalb kann es vorkommen, dass gelegentlich den Teigen mehr oder weniger Flüssigkeit zugegeben werden muss.

Im Handel vertriebene Mehl-Typenklassen

Weizenmehl Type 405
Ist das hellste Mehl und wird vor allem aus der Mitte des Mehlkörpers gewonnen. Für Kuchen, Kekse und feine Backwaren hervorragend geeignet. Dieses Mehl enthält weniger Geschmacksstoffe als dunklere Mehle.

Weizenmehl Type 550
Für helle Brötchen und Brote am besten geeignet und wird in Bäckereien für fast alle hellen Backwaren verwendet. Die meisten Laugenbackwaren in diesem Buch sind in dieser Mehltype angegeben. Selbstverständlich kann aber auch Mehltype 405 anstelle 550 verwendet werden. Dies wirkt sich dann auf Geschmack und Flüssigkeitsmenge aus.

Weizenmehl Type 812, 1050
Sind beides Brotmehle mit hohem Eiweißgehalt. Das Beimischen dieser Mehle unter helle Backwaren erhöht den Nährstoffgehalt und gibt einen kräftigeren Geschmack.

Weizenvollkornmehl
Das Mehl aus dem vollen Weizenkorn beinhaltet viele wichtige Mineral- und Vitalstoffe. Geeignet für eine vollwertige Ernährung. Zudem hat das Vollkornmehl bis zu 15 % weniger Kalorien als Weißmehle. Die Backwaren aus Vollkornmehl sind kleiner, kompakter und kräftiger im Aroma.

Roggenmehl Type 997, 1150, 1370
Roggenmehle werden vor allem zum Brotbacken, in Verbindung mit Sauerteig, verwendet. Ist zum Beimischen, in kleinen Teilen, aber auch für Laugenbackwaren geeignet.

Roggenvollkornmehl
Wird für kräftig aromatische Sauerteigbrote verwendet und ist reich an Nährstoffen. Für Laugengebackenes ist dieses Mehl aber nicht geeignet.

Dinkelmehl Type 630/Dinkelvollkornmehl
Dinkel ist eine Weizenart, allerdings noch naturbelassener. Dinkelmehl kann anstelle von Weizenmehl ähnlicher Typenzahl verwendet werden und hat ein ansprechendes Aroma. Aufgrund der besonderen Eiweißbeschaffenheit des Dinkelmehles, sollten Teige mit Dinkelmehl länger ruhen und zwischendurch immer wieder kurz durchgeknetet werden.

Grünkern
Ist unreif geerntetes, leicht gedörrtes und geschältes Korn des Dinkels. Es wird für Suppen, Grütze und Getreidegerichte verwendet.

Backwaren sind wichtig für unsere Ernährung

Die Verzehrgewohnheiten haben sich in den letzten Jahren stark verändert. Der Konsum von Backwaren hat stark zugenommen. Der durchschnittliche Verbrauch pro Kopf in Deutschland liegt bei etwa 80 kg im Jahr. Das sind pro Kopf täglich etwa 200 g Backwaren.

Daraus lässt sich erkennen, dass Backwaren einen wichtigen Platz in der Ernährung der meisten Menschen einnehmen. Das auch zu Recht. Immerhin sind Backwaren wichtige Lieferanten von Kohlenhydraten, Fetten, Eiweißen, Mineralstoffen und Vitaminen.

Kohlenhydrate ...
... sind als Energiespender von großer Bedeutung. Der Körper benötigt sie für geistige wie für die körperlichen Funktionen.

Eiweiße ...
... sind lebensnotwendig für den menschlichen Körper. Pflanzliche Eiweiße gelten zwar als weniger hochwertig als tierische, doch werden sie z.B. durch gleichzeitigen Verzehr von Aufstrichen oder Beilagen zum Brot biologisch aufgewertet.

Mineralstoffe und Vitamine ...
... sind, wie die Eiweiße, lebensnotwendig und ebenfalls in Backwaren enthalten. Als Mineralstoffe kommen Eisen, Natrium, Kalium, Kalzium, Magnesium und Phosphor vor. Zu den in Backwaren enthaltenen Vitaminen zählen die Vitamine der B-Gruppe und Niacin. Backwaren sind für die Versorgung von Vitamin B1 kaum mit anderen Lebensmitteln zu ersetzen. Vitamin B1 beugt Störungen der Nervenfunktion vor.

Da Mineralstoffe und Vitamine vor allem in den Randschichten und im Keimling eines Getreidekorns liegen, enthalten Vollkornbrote mehr von diesen hochwertigen Inhaltsstoffen. Das heißt aber nicht, dass in hellen Mehlen keine Mineralstoffe oder Vitamine mehr enthalten sind. Doch kann man davon ausgehen, umso dunkler ein Mehl ist, desto gesünder ist die Backware auch für den menschlichen Körper.

Ballaststoffe ...
... auch wenn diese Bezeichnung etwas abwertend klingt, so sind sie dennoch sehr wichtig für die Verdauung eines Menschen. Bei der heutigen Ernährung werden täglich pro Person etwa 20 g aufgenommen. Für eine ausgeglichene Verdauung werden jedoch 30 g am Tag empfohlen.

Weitere wichtige Backzutaten

Flüssigkeiten
Ob als Wasser, Milch, Buttermilch oder Ähnliches, die Flüssigkeit hat einen wichtigen Einfluss auf die Beschaffenheit und den Geschmack des Gebäckes:

Wasser ...
(nur Trinkwasser) wird in den meisten Rezepten dieses Buches als Flüssigkeit verwendet. Wasser hat keine Kalorien und ist neutral im Geschmack.

Milch ...
... im Teig verbessert den Nähr- und Genusswert der Backwaren. Der Teig wird geschmeidiger, wolliger und die Backwaren werden größer an Volumen. Wird Wasser mit Milch ausgetauscht, kann etwas mehr Flüssigkeit zugegeben werden, da Milch nur etwa 87 % Wasser enthält.

Buttermilch ...
... verleiht den Backwaren einen leicht säuerlichen Geschmack. Das bei der Buttergewinnung anfallende Produkt beinhaltet weit weniger Fett als die meisten Menschen vermuten. Der Fettgehalt darf höchstens 1 % betragen.

Buttermilch enthält im Durchschnitt:

Wasser	91,2 %
Eiweiß	3,5 %
Fett	0,5 %
Milchzucker	4,0 %
Mineralstoffe	0,8 %

Triebmittel
Backtriebmittel werden den Teigen zugesetzt, um diese zu lockern und für den Menschen genussfähig zu machen. Teige, bei denen keine Triebmittel zugesetzt werden, müssen auf eine andere Art und Weise gelockert werden. Zu solchen Teigen gehört zum z.B. der Blätterteig (siehe Backschule S. 27) oder der Mürbeteig, der aufgrund des vielen Fettes mürbe und dadurch genussfähig wird. Die wichtigsten Triebmittel unterscheiden sich wie folgt:

Hefe ...
... ist ein natürliches Triebmittel und wird in den meisten Rezepten für Laugengebackenes verwendet. Hefe besteht aus winzig kleinen lebenden Pilzen, die in Verbindung mit Mehl (Kohlenhydraten) und Flüssigkeit zu wachsen beginnen. Hefe wird als Frischhefe oder Trockenhefe im Handel angeboten. Die Angaben der Hefemenge in diesem Buch beziehen sich ausschließlich auf Frischhefe. Bei der Verwendung von Trockenhefe sollten Sie die Gebrauchsanweisung auf der Verpackung beachten. In der Regel entspricht 1 Tütchen Trockenhefe $1/2$ Würfel (20 g) Frischhefe.
Außerdem: Frischhefe lässt sich auch einfrieren. Durch das Auftauen wird die Hefe zwar dickflüssig, was aber kaum Einfluss auf ihre Wirkung hat.

Backpulver...

... ist ein Gemisch aus Natron und Säure, das mit der Flüssigkeitszugabe aber vor allem beim Backen Kohlendioxid bildet und die Lockerung des Gebäckes bewirkt. Backpulver sollte immer unter das Mehl gemischt und gesiebt werden. Dadurch ist eine gleichmäßige Verteilung und Lockerung gewährleistet.

Backnatron oder Natron...

... ist ebenfalls ein Backtriebmittel und im Backpulver enthalten. Mit Zugabe von Säuren in den Teig kann das Natron seine Triebkraft erst richtig entfalten. In diesem Buch wird Natron allerdings ausschließlich zur Belaugung der Backwaren (siehe Belaugungsmethode 1 auf S. 31) verwendet. Natron unterscheidet sich von der leider namentlich verwandten und gefährlichen Natronlauge (Brezellauge) und ist, auch vor dem Backen, nicht gesundheitsschädlich.

Backmalz

Backmalz zählt zu den ältesten Backmitteln, das auch heute noch für die Zubereitung von Hefeteigen verwendet wird. Das Malzmehl wird unter das Mehl gemischt (ca. 30 g pro Kilo Mehl) und bewirkt, dass der Hefe genügend vergärbarer Zucker (Nahrung für die Hefe) zur Verfügung steht. Dies ge-schieht durch enthaltene Enzyme, die die in Mehl enthaltene Stärke zu vergärbarem Zucker umwandeln. Durch Zu-gabe von Backmalz bekommen also die Backwaren ein größeres Volumen sowie ein besseres Aroma und bleiben dazu noch länger knusprig.

Tipp: Malzmehl gibt es im gut sortierten Fachgeschäft.

Backfette

Ob Butter, Margarine oder Speiseöl, Fette verändern ebenfalls die Beschaffenheit eines Teiges und die Qualität der Backwaren. Die Teige mit Fettzugabe werden plastischer und die Backwaren halten länger frisch. Wird dem Teig eine geringe Fettmenge zugefügt, können Fette gegeneinander ausgetauscht werden. Trotzdem hat jedes Fett seine besondere Eigenschaft und unterstützt das arteigene Aroma der jeweiligen Backwaren:

Butter...

... ist ein tierisches Fett aus Milch gewonnen, das den Backwaren den besonderen „buttrigen" Geschmack verleit. Selbstverständlich kann in den Rezepten die Butter mit pflanzlichen Fetten (Margarine) ausgetauscht werden, allerdings verliert ein solches Gebäck am speziellen Charakter.

Schweineschmalz...

... wird heute immer seltener verwendet, war früher aber in einer schwäbischen Laugenbrezel nicht wegzudenken. Aufgrund moslemischer Mitbürger wird in Backbetrieben mehr und mehr auf Margarine statt Schweineschmalz zurückgegriffen.

Margarine...

... ist meist in der Konsistenz etwas weicher als Butter, eignet sich gut als Backfett, ist günstiger, allerdings auch weniger aromatisch und weniger wertvoll als Butter.

15

Speiseöl ...

... macht Teige aufgrund seiner flüssigen Konsistenz weicher. Wird einem Teig Speiseöl anstelle fester Fette zugesetzt, sollte etwas weniger Flüssigkeit verwendet werden. Für die Zugabe beim Backen wird oftmals Olivenöl verwendet.

Eier

Verwenden Sie stets frische Eier der Güteklasse A und beachten Sie das Mindesthaltbarkeitsdatum auf der Verpackung. Bei den Rezepten in diesem Buch, in denen Eier verwendet werden, handelt es sich um Hühnereier der Gewichtsklasse M. Werden Eier anderer Gewichtsklassen verwendet, sollte das aufgeschlagene Ei gewogen werden. Das aufgeschlagene Ei der Gewichtsklasse M entspricht etwa 50 g. Das Eigelb entspricht also 20 g und das Eiweiß (Eiklar) 30 g.

Saaten, Flocken und Körner

Haferflocken, Leinsamen, Sesam, Mohn, Sonnenblumen-, Kürbiskerne usw. eignen sich hervorragend, um sie unter die Teige zu mischen. Saaten, Flocken und Körner nehmen sehr viel Wasser auf, deshalb ist es vorteilhaft, diese mindestens 1 Stunde vor der Teigbereitung in etwas heißem Wasser einzuweichen. Dadurch bleibt das Gebäck länger feucht.

Grobes gekörntes Salz

Auch als Brezelsalz bezeichnet, wird vor allem bei Laugenbackwaren verwendet. Dieses Salz ist in jedem gut sortierten Lebensmittelhandel zu finden. Zu beziehen ist es auch in den meisten Bäckereien, die Laugenbackwaren herstellen.

Gewürze

In verschiedenen Rezepten dieses Buches sind Gewürze mit angegeben. Durch das Beigeben von Gewürzen werden viele Backwaren erst attraktiv. Das aber nur, wenn sie in der richtigen Menge beigegeben werden. Sie werden als ganze, gemahlene oder pulverisierte Gewürze im Handel angeboten. Da das Aroma der gemahlenen und pulverisierten Gewürze sich mit der Zeit verflüchtigt, ist es ratsam, Gewürze direkt vor dem Zubereiten des Teiges, bzw. des Gerichts, mit einer Gewürzmühle zu vermahlen.

Natronlauge (Brezellauge)

Achtung, im Gegensatz zur Backnatron-Lösung kann die Natronlauge schwere Verätzungen verursachen, egal ob es sich um konzentrierte oder verdünnte Lauge handelt. Deshalb ist im Umgang mit Lauge höchste Vorsicht geboten!

Lauge muss vor Gebrauch im Mischungsverhältnis 1:10 mit klarem Wasser gemischt werden. Dabei muss beachtet werden, dass die Lauge zum Wasser gegossen wird und nicht das Wasser in die Lauge, sonst besteht die Gefahr, dass Lauge spritzt. Es entsteht eine gebrauchsfertige, wässrige Lauge in einer Konzentration von 3–3,5 %. (Achtung: 4 % dürfen nicht überschritten werden). Vergewissern Sie sich beim Kauf, ob es sich um verdünnte oder unverdünnte Lauge handelt.

Was passiert während des Backprozesses mit der Lauge? Beim Backen entstehen, charakteristisch für Laugenbackwaren, eine kastanienfarbene Bräunung sowie ein kräftiges Aroma. Da Lauge beim Backen neutralisiert und zu Natriumcarbonat umgewandelt wird, ist eine durchgebackene Laugenbackware gesundheitlich völlig unbedenklich. Ganz im Gegenteil, sie ist sehr bekömmlich und wird selbst bei leichten Magenverstimmungen empfohlen.

Brezellauge wird im Fachhandel und in der Apotheke angeboten.

Was ist beim Umgang mit Brezellauge zu beachten?

- Lauge darf nur in Original-Behältern mit Warnhinweisen aufbewahrt werden. Füllen Sie deshalb Lauge niemals in Trinkbehälter oder Flaschen ab und lagern Sie die Lauge niemals zusammen mit anderen Lebensmitteln.
- Lauge ist für Kinder unzugänglich aufzubewahren.
- Tragen Sie geeignete Schutzkleidung, Schutzhandschuhe und Schutzbrille/Gesichtsschutz, sobald Sie mit Lauge arbeiten.

Was tun bei Verätzungen mit Brezellauge?

- Bei Berührungen der Brezellauge mit den Augen oder anderen Körperteilen sofort mindestens 15 Minuten gründlich mit Wasser abwaschen bzw. ausspülen.
- Konsultieren Sie einen Arzt und zeigen Sie, wenn möglich, das Etikett bzw. den Behälter mit den Angaben, um welche Lauge es sich handelt.
- Bei Berührung der Lauge mit Kleidung, Holzflächen und sonstigen nicht laugenbeständigen Gegenständen ist ebenfalls Vorsicht geboten, da diese von der Lauge angegriffen werden.

Das Fachpersonal in Bäckerei-Betrieben ist für die Verwendung von Lauge geschult und die Betriebe sind mit den entsprechenden Sicherheitsvorkehrungen ausgerüstet. Ist man sich im Umgang mit Brezellauge nicht sicher, dann verwenden Sie doch das gesundheitlich unbedenkliche Backnatron, um die Backwaren zu belaugen.

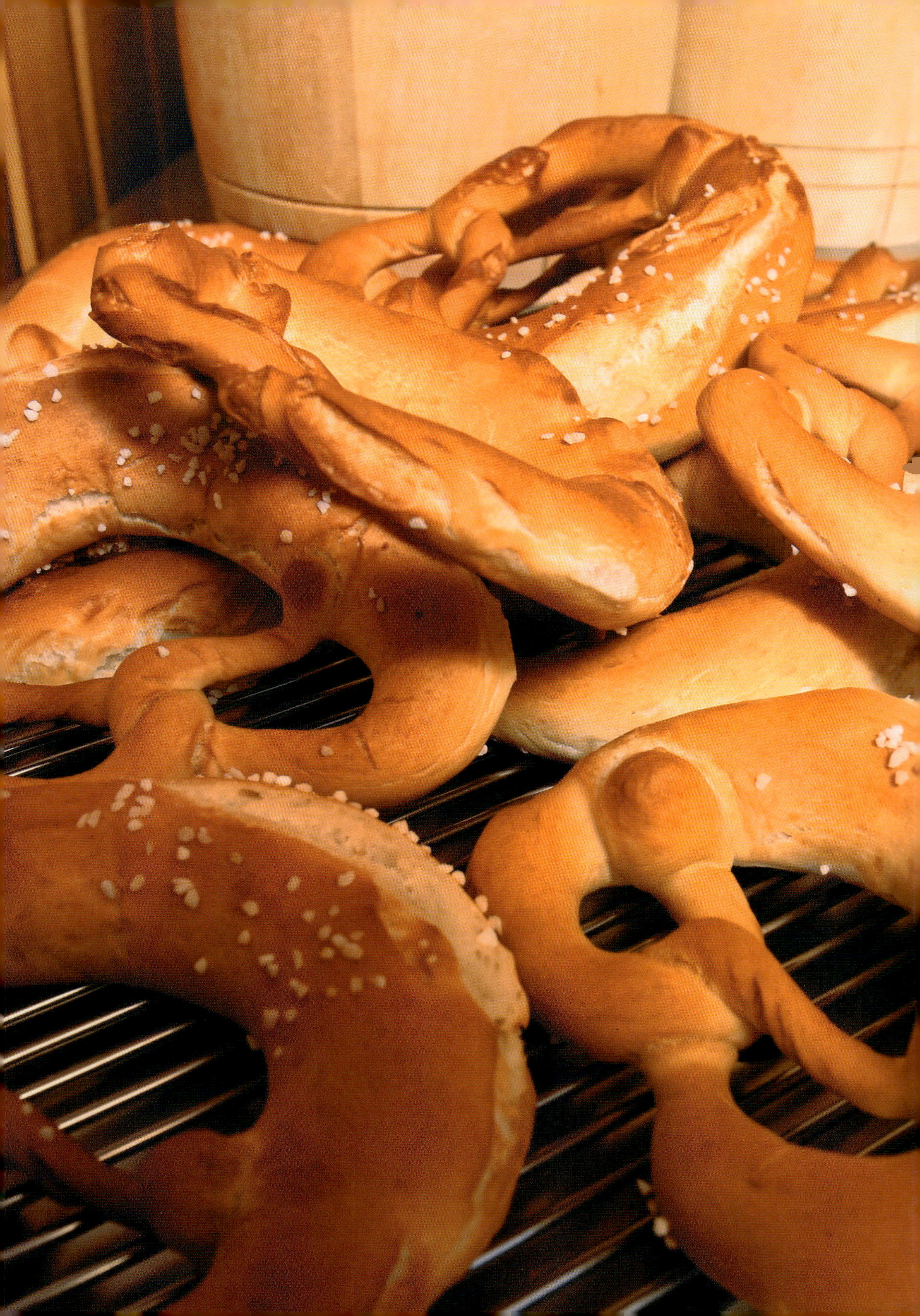

step by step: Die kleine Backschule

Beinahe so vielfältig wie das Brot- und Brötchensortiment ist auch die Arbeitsweise, mit welcher der Bäcker seine Backwaren herstellt. Ob Brezeln, Brot oder Brötchen, jedem ist bewusst, dass es oft nur kleine Tricks und Kniffs braucht, um hervorragende Backwaren aus dem Backofen ziehen zu können. Anhand dieser folgenden „step by step"-Backschule werden verschiedene Arbeitsschritte auf einfache Art und Weise aufgezeigt. Sie werden schnell erkennen, wie die Qualität Ihrer Backwaren zunimmt. Trotzdem darf aber niemals vergessen werden: Es ist noch kein Meister vom Himmel gefallen, aber mit etwas Geduld und Übung werden Sie schon bald so manchen Bäckermeister in Ihrer Umgebung in den Schatten stellen.

Der Vorteig und seine Vorteile

Der Vorteig wird vor allem aus Weizenmehl, etwas Hefe und Flüssigkeit (meist Wasser) zubereitet. Bei der Verwendung von Vorteigen spricht man in der Fachsprache von einer „indirekten Führung". Der Vorteil der indirekten Führung ist, dass die Hefe anfängt zu gären und nach einiger Zeit sich zu vermehren beginnt. Der im Mehl enthaltene Eiweißkleber quillt mit Wasser auf und die Stärke lagert Wasser an. Das heißt soviel: Teige mit einer indirekten Führung nehmen mehr Wasser auf, was sich auf die Frischhaltung der Backwaren auswirkt. Durch die Hefegärung sind Backwaren mit indirekter Führung auch aromatischer.

Vorteige können auf unterschiedliche Weise hergestellt werden. Wir unterscheiden 3 Arten:

Kurzer Vorteig
Der *kurze Vorteig* benötigt etwa 15–60 Minuten Reifezeit. Dabei wird die ganze Hefemenge in etwas Flüssigkeit angerührt. Das Mehl wird in eine Schüssel gesiebt und in die Mehlmitte eine Mulde eingedrückt. Die aufgelöste Hefe wird in die Mulde gegossen und mit etwas Mehl verrührt, die Schüssel abgedeckt und je nach Rezept wird 15–60 Minuten Zeit für die Reifung gelassen. Dieser Vorteig wird meist für Brötchen und andere Kleinbackwaren verwendet.

Mittellanger Vorteig

Der *mittellange Vorteig* benötigt etwa 1–4 Stunden Reifezeit. Aus Mehl, Flüssigkeit und einem Teil der Hefe wird von Hand ein kleiner Teig geknetet. Der Teig wird abgedeckt und je nach Rezept 1–4 Stunden Reifezeit gegeben. Dieser Vorteig wird meist für Kleinbackwaren, aber auch für Brote verwendet.

Langer Vorteig

Der *lange Vorteig* benötigt etwa 8–12 Stunden Reifezeit. Aus Mehl, Flüssigkeit und ganz wenig Hefe wird von Hand ein kleiner Teig geknetet. Den Teig abdecken und je nach Rezept 8–12 Stunden Reifezeit geben. Dieser Vorteig wird meist für Brote verwendet und nach Möglichkeit sollte bei einem Brot auf solch einen Vorteig nicht verzichtet werden.

Zubereiten eines mittellangen bzw. langen Vorteiges

Hefeteig herstellen leicht gemacht

Neben der Verarbeitung von guten und frischen Backzutaten hängt die Qualität der entstehenden Backwaren enorm von der Teigzubereitung ab.

Der Hefeteig, ob aus Vollkorn- oder Weißmehl, mit Eiern oder Butter, muss intensiv geknetet werden. Der Teig löst sich von der Schüssel, wirft Blasen und ist gut dehnfähig. Um diese Dehnfähigkeit zu testen, einfach ein kleines Stück Teig abtrennen und vorsichtig mit der Hand dünn auseinander ziehen. Lässt der Teig sich gut auseinander ziehen, ist er genügend durchgeknetet.

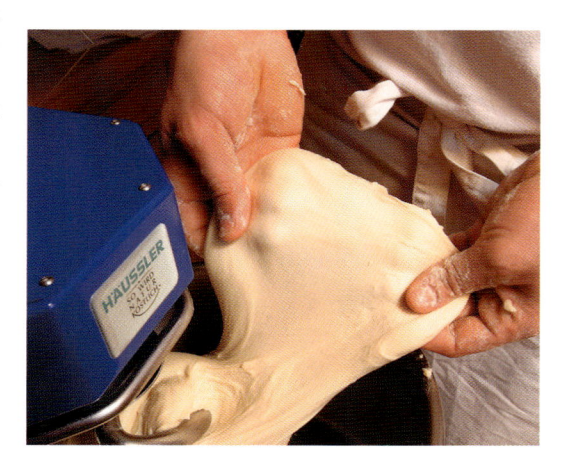

Und so stellen wir den Hefeteig her:

1. Das Mehl in eine Schüssel sieben, in die Mitte eine Mulde eindrücken und die in etwas lauwarmer Flüssigkeit aufgelöste Hefe in die Mehlmulde gießen und mit etwas Mehl verrühren. Der so entstandene „kurze Vorteig" ist eine gute Alternative zum mittellangen oder langen Vorteig (siehe Vorteigbeschreibung).

2. Die Zutaten wie Salz, Zucker, Backfette, Gewürze usw. auf dem Mehlrand verteilen, dann mit einem Tuch abdecken und je nach Rezept 15–60 Minuten ruhen lassen (Reifung des Vorteiges).

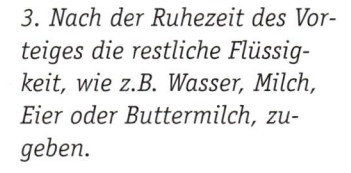

3. Nach der Ruhezeit des Vorteiges die restliche Flüssigkeit, wie z.B. Wasser, Milch, Eier oder Buttermilch, zugeben.

4. Sind alle Zutaten zugegeben, wird der Teig mit der Maschine oder von Hand geknetet. Zutaten wie Saaten, Körner, Nüsse, Käse usw. werden oftmals erst gegen Ende des Knetprozesses beigegeben.

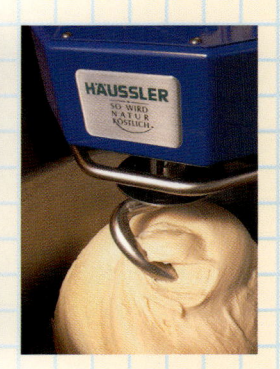

5. Den Teig so lange kneten, bis er sich vom Rand der Schüssel löst, Blasen wirft und gut dehnfähig ist. Den Teig je nach Rezept weiterverarbeiten.

Wir empfehlen für die Teigherstellung eine Teigknetmaschine. Damit wird das Teigkneten erst recht zum Kinderspiel.

Was eine gute Teigknetmaschine können muss:

- Sie sollte kraftvoll, mit sicherem Stand auch starke Teige kneten.
- Die Teigergebnisse sollten gleichmäßig und luftig sein.
- Sie muss leicht zu reinigen sein.
- Damit man den Teig leicht aus dem Kessel holen kann und den Kessel leicht reinigen kann, sollte dieser abnehmbar sein.
- Der Knetarm sollte hochschwenkbar sein, damit der Kessel frei für Zugriffe wird.
- Die Maschine sollte in der Verarbeitung kein Plastik aufweisen, da Bruchgefahr besteht.
- Die Maschine sollte über eine Kindersicherung verfügen.
- Die Teigknetmaschine sollte von der verarbeitbaren Teigmenge der Größe des benutzten Ofens angepasst sein.

Teige zur Weiterverarbeitung vorbereiten
Je nach Rezept wird der Teig nach längerer oder kürzerer Ruhezeit weiterverarbeitet:

1. Den Teig aus der Schüssel nehmen und je nach Angabe des Rezeptes in gleich große Stücke teilen.

2. Die Teigstücke werden bei den meisten Rezepten zuallererst rund geformt. Bei kleineren Teigstücken kann dies auf der Handfläche geschehen, bei Broten auf der bemehlten Backunterlage.

3. Für Brezeln, Stangen oder auch für Zöpfe werden die runden Teigstücke flachgedrückt, eingeschlagen und etwas in die Länge gerollt.

4. Die länglichen Teigstücke müssen für die bessere Weiterverarbeitung abgedeckt 10–20 Minuten ruhen. Dann können sie ohne Probleme je nach Rezept weiterverarbeitet werden.

Brezel schlingen halb so schlimm

Brezel schlingen ist ein Phänomen. Als kleines Kind bin ich immer wieder begeistert vor den Fenstern von Bäckereien gestanden und meine Blicke konnten dem Brezelschlingen nicht einmal folgen. Heute geht das Schlingen fast schneller als ich denken kann. Selbstverständlich macht das die Übung aus. Eine Brezel kann aber auch einfach auf dem Tisch liegend geknotet werden. Nachfolgend ist das Schlingen für die schwäbische Laugenbrezel beschrieben. Alle anderen Brezelarten weichen nur geringfügig von dieser Zubereitungsmethode ab und sind jeweils in den Rezepten genauestens beschrieben.

1. Die vorbereiteten, länglichen Teigstränge werden nun auf die Länge von 50–60 cm ausgerollt. Dabei bleibt der mittlere Teil dicker, die Enden dagegen laufen nach beiden Seiten hin dünner aus. An beiden äußeren Enden bleibt ein kleiner Knauf stehen.

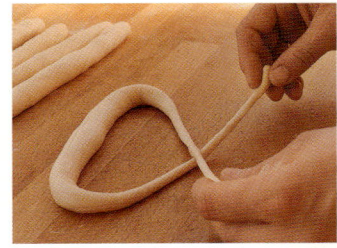

2. Die Strangenden am Knauf mit beiden Händen festhalten und überkreuzen.

3. Die Stränge ein weiteres Mal überkreuzen. Durch diese Umdrehung der Stränge entsteht der Brezelknoten.

4. Die Enden mit dem Knauf im unteren Drittel der Brezel festdrücken, damit die „Brezelärmchen" sich beim Belaugen nicht lösen.

5. Die Brezeln auf ein gefettetes oder mit Backpapier ausgelegtes Blech legen, in die richtige Form ziehen, mit einem Tuch abdecken und 20–30 Minuten aufgehen lassen.

Bagels, die besonderen Kringel

Die schmackhaften Kringel haben ihren Ursprung in der Geschichte und Religion des jüdischen Volkes in Osteuropa. Von dort aus hat sich diese beliebte Backware bis in die USA verbreitet und dort ihre Blüte erlebt.
Der Bagel war damals das „besondere" Brötchen und wurde am Sabbat und anderen Festtagen gegessen.
  Was macht den Bagel so besonders? Der Bagel wird sorgfältig zu einem Ring geformt und dann im Wasserbad gekocht. Für Laugenbagels gibt man zum Kochwasser Backnatron (Belaugungsmethode 1). Und so einfach werden Bagels geformt:

1. Die runden Teigstücke werden zu Strängen von 20–25 cm Länge gerollt.

2. Die Stränge werden zu Ringen geformt, wobei die Enden zusammengedrückt werden.

3. An der zusammengefügten Stelle wird durch die Rollbewegung der flachen Hand der Ring geschlossen, damit er beim Kochen und Backen nicht aufgeht. Alternativ kann auch in die Mitte der runden Teigstücke mit dem Stab eines Kochlöffels jeweils ein Loch gedrückt und dieses etwas geweitet werden.

4. Die Bagels, wie im Rezept angegeben, aufgehen lassen, dann nach Belaugungsmethode 1 belaugen und auf ein gefettetes oder mit Backpapier ausgelegtes Backblech legen. Nach Wunsch bestreuen und auf der mittleren Schiebeleiste, wie angegeben, backen.

Flechten mit 2 Strängen

Stimmt die Teigbeschaffenheit (gut geknetet und nicht zu weich), lassen sich die Stränge sehr gleichmäßig ausrollen, was für ein einfaches Gelingen beim Flechten Voraussetzung ist.

Einen Zopf mit 3 Strängen zu flechten, das ist für fast niemanden ein Problem. Mit 2 Strängen zu flechten, ist etwas schwieriger. Deshalb folgt nun eine ausführliche Beschreibung der Arbeitsschritte:

1. Die beiden Teigstränge auf eine Länge von etwa 60 cm gleichmäßig dick ausrollen

2. Die Teigstränge zum Kreuz legen und die Mitte etwas andrücken.

3. Zuerst wird der untere Teigstrang mit beiden Händen gleichzeitig an den Enden angefasst. Mit der rechten Hand das obere Ende nach unten legen und mit der linken Hand das untere Ende nach oben legen.

4. Den quer liegenden Teigstrang an den Enden, mit der rechten Hand links und mit der linken Hand rechts, anfassen und jeweils auf der gegenüberliegenden Seite ablegen.

5. Wiederum mit der rechten Hand das obere Ende nach unten legen und mit der linken Hand das untere Ende nach oben legen usw.

6. Diese Arbeitsschritte, wie oben beschrieben, bis zum Schluss ausführen, dann die 4 Enden zusammendrücken und unter den Zopf schlagen. Den Zopf abdecken und 20–30 Minuten aufgehen lassen.

Flechten mit 1 Strang

Diese Flechtmethode ist dem 3-Strang-Zopf entnommen und sieht nur auf den ersten Blick schwierig aus.

Und so entsteht ein 1-Strang-Zopf:

1. Den Teigstrang auf die Länge von etwa 30 cm ausrollen. Den Strang zu einer Schlaufe legen und das Ende an dem Strang festdrücken. Der Strang ist nun nichts anderes als 3 nebeneinander liegende Stränge, die aber miteinander verbunden sind.

2. Die Schleife mit der Hand anheben, den Strang durch die Schleife ziehen und ablegen.

Aus dem Zopf lässt sich auch ein Teigknopf herstellen. Dabei wird der Zopf einfach an beiden Enden zusammengedrückt und mit dieser Seite auf das Blech gelegt.

3. Die Schleife zur Seite drehen, wo der Strang abgelegt wurde.

4. Das Strangende nun in die kleine Öffnung der Schleife legen und an der Unterseite etwas festdrücken.

5. Der fertig geflochtene 1-Strang-Zopf

Der Blitzblätterteig

Blätterteig ist einfacher herzustellen als man denkt. Was man dazu benötigt, sind lediglich ein Nudelholz sowie einige wenige Backzutaten. Der Blätterteig ist ein Teig ohne Hefe und besteht aus vielen dünnen Teig- und Fettschichten. Durch das Auswellen und Zusammenlegen des Teiges bilden sich die Teig- und Fettschichten. In der Fachsprache nennt man diesen Vorgang einfach „Tourieren". Blätterteig lässt sich außerdem gut im Voraus vorbereiten. Gekühlt und in Folie verpackt, kann der Blätterteig einige Tage aufbewahrt werden, tiefgekühlt sogar einige Wochen.

Wie wird der Blätterteig gelockert?
Durch die Backhitze verflüssigen sich die Fettschichten und isolieren die einzelnen Teigschichten voneinander. Gleichzeitig beginnt ein Teil des Wassers zu verdampfen und drückt dabei die vielen Teigschichten nach oben. Dadurch entsteht die blättrige Lockerung, die ausschließlich physikalisch, d.h. durch Wasserdampf geschieht.

Und so stellen wir den Blätterteig her:

1. Die gut gekühlten Margarine- oder Butterwürfel mit den restlichen Zutaten und dem Wasser in eine Schüssel geben.

2. Alle Zutaten von Hand miteinander verkneten, sodass aber noch die Margarinewürfel im Teig sichtbar bleiben.

3. Den Teig auf eine bemehlte Backunterlage geben und von Hand zu einem Rechteck formen.

4. Den rechteckigen Teig auf eine Länge von etwa 50–60 cm auswellen.

5. Den lang gewellten Teig zusammenlegen, sodass 3 Teigschichten aufeinander liegen. Diesen Vorgang nennt man „1. Tour geben", wodurch die Teig- und Fettschichten entstehen.

6. Zusammengelegten Teig drehen und in die Richtung auswellen, in der die Teigschichten geöffnet sind. Weiter erneut ab dem 4. Punkt. Dabei handelt es sich nun um die 2. Tour. Den Teig abgedeckt 30 Minuten kühlen, dann den Vorgang ab dem 4. Punkt zwei- bis dreimal wiederholen, wodurch die „4. und 5. Tour" gegeben wird.

27

Der Croissantteig

Beim Croissantteig handelt es sich um einen Hefeteig mit zusätzlicher Fettbeigabe in Form einer Fettplatte. Die Lockerung des Croissantteiges erfolgt durch Hefe, aber auch wie beim Blätterteig durch die physikalische Lockerung (infolge der Wasserdampfbildung, siehe Blätterteig).

Die Herstellung des Croissantteiges und der Fettplatte wird im Rezeptteil des Buches (siehe S. 66, 110, 126, 128) beschrieben.

Der Croissantteig wird wie folgt weiterverarbeitet:

1. Den gekühlten Teig auf die doppelte Größe der rechteckigen, gekühlten Fettplatte auswellen.

2. Die Fettplatte seitlich auf den Teig legen und mit dem Teig einschlagen.

3. Teig um die Fettplatte zusammendrücken, gegebenenfalls drehen und in die Richtung ausrollen, in der der Teig nach beiden Seiten hin geöffnet ist.

4. Den Teig mit der eingeschlagenen Fettplatte auf die Länge von 50–60 cm auswellen.

5. Den ausgewellten Teig zusammenlegen, sodass 3 Teigschichten aufeinander liegen. Dabei handelt es sich um die 1. Tour (siehe Blätterteig), wodurch die Teig- und Fettschichten entstehen.

6. Den Teig drehen, dann weiter mit dem 4. Punkt (Ausrollen des Teiges). Der Vorgang wird zweimal wiederholt wobei die „2. und 3. Tour" gegeben wird. Den Teig zur besseren Verarbeitung kühl stellen und wie in den Rezepten angegeben weiterverarbeiten.

Snacks aus Croissantteig

Aus Croissantteig und einer deftigen Füllung lassen sich hervorragende Snacks zubereiten, die Sie auf dem Titelbild erkennen können.

Schinkenhörnchen

1. Den Teig wie Laugencroissants (siehe S. 66) zu einem Rechteck auswellen und zu Dreiecken schneiden. Die breite Seite des Dreieckes mit der Schinkenfüllung von Seite 111 füllen.

2. Den Teig von der breiten Seite über die Füllung schlagen.

3. Die Füllung mit dem Teig einpacken und zur Spitze hin aufwickeln.

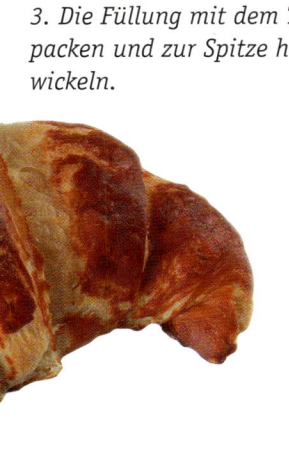

4. Das Schinkencroissant halbmondförmig biegen, auf ein mit Backpapier ausgelegtes Backblech legen und abgedeckt etwa 30 Minuten aufgehen lassen. Mit Backnatron nach Methode 2 oder 3 belaugen und mit geriebenem Käse bestreuen. Das Schinkencroissant wird im vorgeheizten Backofen bei 210 °C (Umluft: 190 °C. Gas: Stufe 3–4) 20–25 Minuten gebacken.

Schinkentaschen

1. Den Croissantteig wie Laugencroissant (siehe S. 66) zu einem Rechteck auswellen. Mit einem scharfen Messer Quadrate von 10 x 10 cm schneiden. Diese Quadrate mit parallelen Schnitten 6- bis 8-mal einschneiden und mit etwas Wasser abstreichen.

2. Die Schinkenfüllung von Seite 111 herstellen und auf den Teigstücken verteilen.

3. Den Teig von beiden Seiten zur Mitte über die Füllung schlagen und beide Seiten miteinander festdrücken.

4. Die gefüllte Tasche drehen und mit den Einschnitten nach oben auf ein mit Backpapier ausgelegtes Backblech legen, abdecken und etwa 30 Minuten aufgehen lassen. Nach Belaugungsmethode 2 oder 3 belaugen, nach Wunsch mit geriebenem Käse oder Körnern bestreuen und bei 210 °C (Umluft: 190 °C, Gas: Stufe 3–4) 20–25 Minuten backen.

Die verschiedenen Belaugungsmethoden

Da sich nicht jede Belaugungsmethode für jede Backware eignet, stellen wir hier 3, bzw. 4 Belaugungsmethoden vor. In jedem Rezept werden die Methoden angegeben, die am besten für die Backware geeignet sind.

Belaugungsmethode 1
Das Kochen der Brezeln und anderer Laugenbackwaren in Wasser und Backnatron.

1. 1 l Wasser zum Kochen bringen und 3 EL Natron darunter rühren.

2. Die aufgegangenen, teigigen Brezeln nacheinander (jeweils 1 oder 2) ca. 20 Sekunden kochen.

3. Die Brezeln mit einem Schaumlöffel herausnehmen und auf ein gefettetes o. mit Backpapier ausgelegtes Blech legen.

4. Sofort salzen oder mit Körnern bestreuen.

Belaugungsmethode 2
Das Bestreichen der Brezeln und anderer Laugenbackwaren mit Backnatron-Milchschaum.

1. 100 ml Milch in einem Kochtopf zum Kochen bringen und vom Herd nehmen.

2. 2 schwach gehäufte EL Natron dazugeben und unter die Milch rühren. Dabei schäumt die Milch sehr stark auf.

3. Die Teiglinge zügig mit dem Schaum bestreichen. Dann wie jeweils angegeben weiterverarbeiten.

Belaugungsmethode 3

Belaugen der Brezeln und anderer Laugenbackwaren mithilfe eines Belaugungsgeräts. Darin können vor allem Kleingebäcke belaugt werden. Ist diese Belaugungsmethode 3 in den Rezepten angegeben, sollte bei Brot und anderen größeren und gefüllten Backwaren der Bestäuber verwendet werden.

Mit dem Belaugungsgerät:

Hierbei ist zum einen auf die Gebrauchsanweisung des jeweiligen Gerätes sowie bei der Verwendung von Natronlauge (Brezellauge) auf die Sicherheitshinweise (siehe S. 27, 28) zu achten.

1. Die Teiglinge umgekehrt in die Flüssigkeit legen.

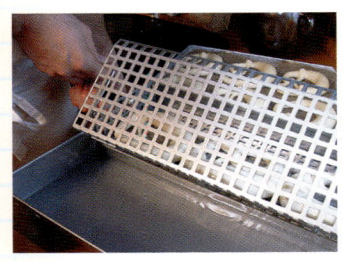

2. Das Gebäck mit einer leichten Schwungbewegung auf die Gitterpalette kippen.

3. Die belaugten Teiglinge auf das Backblech legen und wie angegeben weiterverarbeiten.

Mit dem Bestäuber:

1. Das gekochte Natrongemisch von Belaugungsmethode 1, Punkt 1 in die Bestäuberflasche füllen und den Deckel gut verschließen.

2. Den Bestäuber auf fein stellen, dann die Backwaren gleichmäßig damit besprühen.

3. Die belaugten Backwaren salzen oder bestreuen, schneiden und backen.

Anmerkung: Diese Belaugungsmethoden wurden in Verwendung mit dem ungefährlichen Backnatron vorgestellt. Trotz der Ungefährlichkeit darf die Belaugung niemals auf einer Holzfläche geschehen. Holzflächen die mit einer Backnatron-Lösung in Berührung kommen, können sich dunkel verfärben.

Alle „Brezelbäcker", die auf die ätzende Brezellauge (echte Natronlauge) zurückgreifen wollen, sollten Folgendes beachten: Lesen Sie sich zuerst die auf den Seiten 16 und 17 beschriebenen Vorsichtsmaßnahmen genau durch, um mögliche Unfälle mit Brezellauge auszuschließen. Die Belaugungsmethode 3 (Belaugungsgerät) ist besonders für das Belaugen mit verdünnter Brezellauge geeignet.

TIPP! Beim Arbeiten mit Lauge am besten immer Handschuhe tragen, anschließend Hände gründlich waschen!

Das Einschneiden von Backwaren

Nach dem Belaugen werden die meisten Backwaren eingeschnitten, was jeweils in den Rezepten angegeben wird. Durch das Einschneiden bekommen die Laugenbackwaren das entsprechendes Aussehen und reißen an der gewünschten Stelle auf. In der Fachsprache nennt man die Schnittstelle, die nach dem Backen zu sehen ist, „Ausbund". Sind die Backwaren nicht richtig eingeschnitten oder der Schnitt klebt wieder zusammen, ergibt das einen schlechten „Ausbund".

Beim Einschneiden kann man sich als Regel merken: Umso größer die Backware aufgegangen ist, umso flacher wird sie eingeschnitten. Sind Backwaren wenig aufgegangen, ist es vorteilhaft, diese etwas tiefer einzuschneiden.

Beim Einschneiden bzw. Eindrücken der Backwaren, können folgende Methoden angewandt werden:

1. Einschneiden von Laugenbrötchen mit einem scharfen Messer. Im Vordergrund sehen Sie die Brötchenstempel, die im Fachhandel bezogen werden können.

2. Drücken eines Laugenbrötchens mit einem Brötchenstempel.

3. Gedrücktes Schneckenbrötchen mithilfe eines Brötchenstempels.

4. Einschneiden von Brötchen mit einer Schere.

Das Backen von Laugenbackwaren

Durch das Backen der Laugenbackwaren bekommen diese erst ihre charakteristische kastanien-farbene Kruste. Auch die Aromastoffe werden erst im Laufe des Backprozesses gebildet und die Backwaren werden genussfähig.

Gebacken wird in ganz unterschiedlichen Backöfen. Deshalb sind in jedem Rezept die Temperaturangaben für Elektro-, Umluft- und Gas-Backöfen angegeben.

Die angegebene Backhitze sowie die Backtemperaturen sind Richtwerte und können bei jedem Backofen etwas abweichen. Deshalb ist zu empfehlen, die Abweichungen im Rezept zu vermerken, was Ihnen für die nächste Male helfen wird.

Steinbacköfen sind für das Backen von Laugenbackwaren bestens geeignet. Beim Backen in einem Steinbackofen müssen andere Backtemperaturen eingehalten werden, die der Beschreibung des Backofens zu entnehmen sind. Für das Backen werden auch spezielle Lochbleche, Baguettebleche, Dauer-Backfolien sowie spezielles Back-Trennöl angeboten.

Was ein guter Brotbackofen können muss:

- Hohe Anfangshitze, ca. 280°C – so wird sofort die Kruste gebildet, in der alle Röst-und Geschmacksstoffe enthalten sind, und die das Brot innen feucht hält.
- Fallende Backhitze, damit das Brot schonend gebacken wird.
- Der Ofen sollte die abgegebene Feuchtigkeit des Teiges aufnehmen und während des Backens wieder an das Brot abgeben. Das kann nur ein Steinbackofen.
- Ober- und Unterhitze sollten getrennt regelbar sein, da Brot eine stärkere Hitze von oben benötigt als von unten, damit der Teig schön nach oben hochzieht.

Geheimnisse des Bäckermeisters

Gerne gebe ich in diesem Buch einige meiner Erfahrungen weiter, die der Hausfrau oder auch dem Hausmann dienen sollen.

Der Duft aus der Sonntags-Brötchen-Tüte kann niemals den Duft ersetzen, der aus Ihrem Backofen steigt und sich im ganzen Hause breit macht.

Sonntagsbrötchen zu Hause backen
Um unnötige Arbeit am Morgen zu vermeiden, gefriere ich verschiedene Brezeln, Brötchen oder auch Croissants als Teiglinge (der Teigling ist das geformte, aber noch teigige Gebäck vor dem Belaugen und Backen) ein. Das heißt, ich bereite den Teig wie in den Rezepten angegeben zu, forme das Gebäck und lege dieses auf eine mit Backpapier ausgelegte Unterlage. Ohne die Teiglinge aufgehen zu lassen, friere ich diese ein und verpacke sie in Gefrierbeutel, sobald die Teiglinge gefroren sind. Gut verpackt lassen sich gefrorene Teiglinge 2 – 3 Wochen ohne Probleme aufbewahren. Am Samstagabend, vor dem Schlafengehen, lege ich die gefrorenen Teiglinge auf ein mit Backpapier ausgelegtes oder gefettetes Backblech und schiebe dieses Backblech in den kalten Backofen, dann: Gute Nacht.

Beim Nachmachen die Brötchen im Ofen nicht vergessen!!!

Morgens aufgestanden, noch vor dem Zähneputzen, ist der erste Gang zum Backofen. Ich nehme das Blech aus dem Ofen und schalte den Backofen auf die gewünschte Temperatur. Anschließend belauge ich die Backwaren nach Methode 2 oder 3 (siehe S. 31, 32), dann bestreuen, schneiden und ab in den vorgeheizten Backofen. Noch bevor ich aus dem Badezimmer komme, schleicht sich ein lieblicher Duft frischer Backwaren zu mir herein. Guten Appetit am Sonntagmorgen.

Teiglinge vorbereiten
Vielleicht brauchen Sie für die abendliche Party einige frische Brezeln, Brötchen oder Brot. Dazu bereiten Sie die Teige wie in den Rezepten angegeben zu. Dann formen, aufs Blech legen und etwas aufgehen lassen. Die Teiglinge werden nun im Kühlschrank oder an einem kühlen Ort (unter 15 °C) abgedeckt für einige Stunden gelagert. Sobald die Backwaren benötigt werden, nach der angegebenen Methode belaugen, bestreuen, schneiden und in den vorgeheizten Backofen schieben.

Brezeln, Brötchen und mehr ohne Lauge

Falls Sie kein Backnatron zu Hause haben, oder es einfach einmal anders lieben, lassen sich selbstverständlich alle Rezepte auch ohne Backnatron herstellen. Bestreichen Sie stattdessen das Gebäck einfach mit Wasser oder einem frischen, verquirltem Ei und schon haben Sie ein ganz anderes Geschmackserlebnis. Aus einem Laugenbaguette wird ein original französisches Baguette, aus Laugencroissants werden Buttercroissants usw. Lassen Sie Ihrer Phantasie freien Lauf.

Wenn es schnell gehen muss
Dass Zeit oft knapp ist, dieses Problem kennt fast jeder. Ein Überraschungsbesuch oder vielleicht ist kein Brot mehr im Brotschrank zu finden.
- Für solche Fälle eignen sich Backwaren, die mit Backpulver hergestellt sind. Diese Backwaren brauchen keine Zeit, um aufzugehen. Das heißt, als allererstes den Backofen auf gewünschte Temperatur vorheizen. Dann den Teig wie im Rezept (z.B. S. 53, 107 und 132) angegeben zubereiten, belaugen und schon in wenigen Minuten ist die Brezel oder der Muffin im Ofen. Die Backzeit kann nun leider nicht verkürzt werden, denn schließlich wollen Sie genießen, was aus dem Ofen kommt.
- Eine andere Möglichkeit wäre, Backwaren, die mit Hefe herzustellen sind, etwa 50 % mehr Hefe beizugeben. Aufgrund des starken Hefegeschmacks sollten Sie aber diese Menge nicht überschreiten.
- Damit Backwaren nicht so lange aufgehen müssen, ist es möglich, die belaugte Backware in den kalten Ofen zu schieben und die gewünschte Temperatur einzustellen. (Dieses eignet sich nicht bei Brotbacköfen, die eine lange Vorheizphase haben.) Durch den allmählichen Temperaturanstieg können die Backwaren in relativ kurzer Zeit noch einmal stark aufgehen.

Aufbewahren von Backwaren
Am besten lassen sich Backwaren in sauberen, möglichst luftdichten und trockenen Behältern aufbewahren. Eine gute Alternative sind die so genannten Brottöpfe. Mögliche Luftschlitze fördern zwar das Austrocknen und Hartwerden der Backwaren, sind dadurch aber besser vor Schimmelbefall geschützt.

Das Lagern der Backwaren im Kühlschrank verhindert bei hoher Luftfeuchte und Hitze den Schimmelbefall, allerdings werden diese auch schneller altbacken. Das Einfrieren von Brot ist eine gute Möglichkeit, Brot über mehrere Tage oder Wochen zu bevorraten. Dazu sollte das Brot möglichst schnell unter −15° bis −18° C eingefroren werden. Das Auftauen sollte bei Raumtemperatur (z.B. über Nacht) geschehen.

Erste-Hilfe-Maßnahmen ...

... so lange es noch was zu retten gibt ...

Der Teig ist zu fest
Dann dürfte wohl jedem klar sein, Flüssigkeit nachzugeben. Dabei sollte auf jeden Fall darauf geachtet werden, dass die Flüssigkeit nach und nach dem Teig zugegeben wird. Nur so kann der Teig die Flüssigkeit gut aufnehmen, ohne nur in der Schüssel zu schleifen.

Sie haben das Salz vergessen
Eine Backware ohne Salz ist nach der Meinung vieler Brotliebhaber ein Graus. Nur wenige in unserer Region lieben salzlose Backwaren. Falls Sie doch einmal Salz vergessen sollten, dann lösen Sie die benötigende Menge Salz, so gut es geht, in etwas heißem Wasser auf. Kneten Sie diese Salzlösung unter den Teig und geben Sie evtl. noch etwas Mehl bei.

Haben Sie zu viel Salz im Teig, dann ist es sinnvoll, die Teigmenge so zu erweitern, damit das Verhältnis von Salz im Teig wieder stimmt.

Der Teig geht nicht auf
Das kann verschiedene Gründe haben. Kontrollieren Sie Folgendes:
- Zu viel Salz im Teig: Zu viel Salz hemmt die Hefe und der Teig geht schlecht auf. Erweitern Sie den Teig so, dass das Verhältnis im Teig wieder stimmt.
- Hefe vergessen: Ein Hefeteig ohne Hefe ist wie ein Bäcker ohne Mehl. Die Hefe in etwas Wasser auflösen und langsam unter den Teig kneten. Wird der Teig zu weich, etwas Mehl nachgeben.
- Ist Hefe im Teig oder nicht? Da gibt es eine einfache Methode, um dieses zu prüfen. Nehmen Sie ein kleines Teigstück und legen Sie dieses in ein Gefäß warmen Wassers. Nach kurzer Zeit sollte das Teigstück schwimmen. Ist dies nicht der Fall, fehlt definitiv die Hefe und kann, wie oben beschrieben, nachgegeben werden.
- Die Hefe war schlecht. Vergewissern Sie sich immer, ob Ihre Hefe noch gut ist. Verdorbene Hefe riecht schlecht, hat Schimmel oder ist klitschig und weich.
- Ist die Raumtemperatur zu niedrig oder die Zutaten waren zu kalt oder die Backwaren liegen in Zugluft. Dies alles hemmt die Hefe bei der Gärung. Decken Sie die Backwaren ab und legen Sie diese zum Aufgehen an einen warmen Ort.

Die Laugenbackwaren bekommen im Ofen keine Farbe
- Kontrollieren Sie dazu die Backofentemperatur und stellen Sie diese auf die richtige Temperatur.
- Das Mischungsverhältnis von Wasser und Natron stimmte nicht. Lesen Sie dazu die Packungsbeilage des Backnatrons oder der Brezellauge und beachten es beim nächsten Mal.

Die Laugenbackwaren werden schnell dunkel
- Kontrollieren Sie die Backofentemperatur und vermindern Sie diese gegebenenfalls.
- Das Mischungsverhältnis von Wasser und Backnatron ist zu hoch. Lesen Sie dazu die Packungsbeilage des Backnatrons oder der Brezellauge und beachten es beim nächsten Mal.

Die Kruste ist klitschig
Das ist darauf zurückzuführen, dass sich bei einer zu starken Belaugung in einer Mulde oder Schnittstelle der Backwaren Flüssigkeit angesammelt hat und während des Backens nicht entweichen konnte.
Möglicherweise sind die Backwaren auch nur zu kurz gebacken. Deshalb ist auf die richtige Temperatur und ausreichende Backzeit zu achten.

Das Brot ist verbrannt
Ist das Brot einmal verbrannt, dann lässt sich daran leider nichts mehr ändern. Wer jeden Tag vor dem Backofen steht, kann davon ein Lied singen. Denn als Bäcker kann man die verbrannten Brote eben nicht alle selbst essen.

Für zu Hause gibt es aber doch eine Lösung: Schlagen Sie die Kruste des noch heißen Brotes mit einem Löffel ab. Es wird sich nur die oberste verbrannte Kruste ablösen. Klar sieht das Brot nun etwas verunstaltet aus und von einem Laugenbrot kann man in diesem Fall auch nicht mehr sprechen. Wer aber Hunger hat, der wird sich auch über solch ein etwas rustikales Brot freuen.

Was tun mit übrigen Backwaren?

- Ist Brot übrig geblieben, muss es nicht weggeworfen werden. In Scheiben geschnitten und gut getrocknet, lässt es sich in einer Reibe einfach zu Semmelbrösel vermahlen. Falls sich nicht das ganze Brot vermahlen lässt, die Brösel durch ein grobes Sieb streichen.
- Brotauflauf ist die ganz besondere Variante, um „Brot von vorgestern" an den Mann (oder die Frau) zu bringen. Dafür eignet sich eigentlich jedes Brot, vor allem aber das geschmacklich eher neutrale Laugen-Halbweißbrot (siehe dazu Schweizer Käseauflauf, S. 89).
- Brezelsuppe, die geeignete „Brezelverwertung". Auf Seite 133 werden Ihnen alle Arbeitsschritte genauestens erklärt.
- Bagel-Chips lassen sich einfach durch in Scheiben geschnittene Bagels herstellen. Selbstverständlich lassen sich auch andere Backwaren zu Chips verarbeiten (siehe S. 136).

B.	Becher	ger.	gerieben	Pck.	Paket / Päckchen
Bd.	Bund	geröst.	geröstet	Pr.	Prise
Bl.	Blatt / Blättchen	ges.	gesalzen	Stg.	Stange
EL	Esslöffel	geschr.	geschrotet	Stgl.	Stängel
fr.	frisch	gestr.	gestrichen	T	Tasse
geh.	gehäuft bzw.	getr.	getrocknet	TK	Tiefkühl
	gehackt	gew.	gewürfelt	TL	Teelöffel
gek.	gekocht	ggf.	gegebenenfalls	tr.	trocken
gem.	gemahlen	gr.	große(r)	Tr.	Tropfen
gepr.	gepresst	Msp.	Messerspitze(n)	versch.	verschieden(e)

Mürbe Brezeln

Zubereitung:
1. Das Mehl in eine Schüssel sieben und in die Mehlmitte eine Mulde eindrücken.
2. Die Hefe in etwas warmer Milch auflösen, in die Mulde gießen und mit Mehl bestreuen. Den Vorteig abgedeckt ca. 15 Min. ruhen lassen.
3. Die restliche Milch, Salz, Eigelb, Käse und in Stücke geschnittene Butter dazugeben. Alles zu einem glatten, festen Teig kneten und nochmals zugedeckt 30–40 Min. ruhen lassen.
4. Den Backofen vorheizen. Ein Blech mit Backpapier auslegen oder fetten.
5. Den Teig auf einer bemehlten Arbeitsfläche zu einem ca. 3–5 mm dicken Rechteck auswellen und in 2 cm breite Streifen schneiden. Die Streifen spiralenförmig verdrehen und zu Brezeln formen.
6. Die Brezeln mit Backnatron nach Methode 2 belaugen (siehe S. 31), mit Salz und Kümmel bestreuen und auf das Backblech legen.
7. Auf der mittleren Schiebeleiste 20–25 Min. backen. Die Brezeln auf ein Kuchengitter legen und abkühlen lassen.

Zutaten:
(für 8–10 Brezeln)
350 g Weizenmehl (Type 405)
$1/2$ W. fr. Hefe (20 g)
125 ml warme Milch
$1/2$ TL Salz
2 fr. Eigelb
100 g ger. Appenzeller Käse
125 g weiche Butter
etwas grobes, gekörntes Salz u. etwas Kümmel zum Bestreuen

Teiggewicht: ca. 750 g
100 g enthalten: ca. 1685,1 kJ bzw. 402,5 kcal oder 3,1 BE

Hitze:
Elektro: 180° C
Umluft: 160° C
Gas: Stufe 2
Backzeit: 20–25 Min.

Weintipp: Zu dieser wunderbaren Brezel mit ihrem zurückhaltenden Käsearoma empfehlen wir Ihnen einen Weißburgunder, im Holzfass gereift, vom sonnigsten Gebiet unseres Landes, dem Kaiserstuhl. Der Ihringer Winklerberg Weißburgunder Spätlese trocken, vom Weingut Dr. Heger in Ihringen.

DAS ORIGINAL

Schwäbische Laugenbrezel

Zutaten:

(für etwa 10 Brezeln)
500 g Weizenmehl (Type 550)
1/2 W. fr. Hefe (20 g)
275 ml Wasser
25 g Schweineschmalz
2 TL Salz
etwas grobes, gekörntes Salz zum Bestreuen

Teiggewicht: ca. 825 g
100 g enthalten: ca. 1191,1 kJ bzw. 284,5 kcal oder 4,5 BE

Hitze:
Elektro: 220° C
Umluft: 200° C
Gas: Stufe 4
Backzeit: 15–20 Min.

Zubereitung:

① Das Mehl in eine Schüssel sieben und in die Mitte eine Mulde eindrücken.

② Die Hefe in einem Teil Wasser auflösen, in die Mulde schütten und mit etwas Mehl verrühren.

③ Das in Stücke geschnittene Schweineschmalz und das Salz auf dem Mehlrand verteilen. Zugedeckt etwa 15 Min. ruhen lassen.

④ Das restliche lauwarme Wasser dazugeben und alles zusammen zu einem glatten Teig verkneten. Den Teig in 10 Stücke teilen und zu runden Teigstücken formen. Zugedeckt etwa 20 Min. ruhen lassen.

⑤ Aus den runden Teigstücken werden Stränge von 50–55 cm gerollt, die in der Mitte einen schönen Bauch haben und nach außen hin immer dünner werden. An beiden Enden sollte aber noch ein kleiner Knauf bleiben. Aus den Teigsträngen werden nun schwäbische Brezeln geschlungen, das heißt, die Ärmchen werden

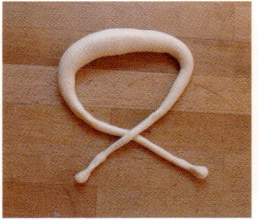

im unteren Drittel der Brezel angedrückt. Jetzt müssen die Brezeln 20–30 Min. aufgehen.
6. Den Backofen vorheizen und ein Backblech mit Backpapier auslegen.
7. Die Brezeln mit Backnatron nach Methode 1, 2 oder 3 belaugen (siehe S. 31). Dann auf das Backblech setzen, einschneiden und mit gekörntem Salz bestreuen. Auf mittlerer Schiene zu einer kastanienfarbenen Laugenbrezel backen.

Dazu passt:

Apfel-Schmalz-Aufstrich

Zubereitung:
1. Schwarte und Knorpel vom Speck entfernen. Den Schweinebauch in kleine Würfel schneiden. Die Schalotten häuten, fein würfeln und mit dem Speck in einem Topf oder einer Pfanne erhitzen, das Fett auslassen und leicht anbraten.
2. Apfel waschen, schälen, vom Kerngehäuse befreien und in kleine Würfel schneiden. Den Thymian abspülen, etwas abtupfen und die Stiele entfernen.
3. Apfel, Thymian und Gewürze zum Schweinebauch geben und zusammen unter gelegentlichem Rühren bei mäßiger Hitze ca. 30 Min. garen lassen. Den fertigen Aufstrich in hitzebeständige Gläser oder Schälchen füllen und abkühlen lassen.

Apfel-Schmalz-Aufstrich:
300 g fetter Schweinebauch (ohne Schwarte)
3 Schalotten
1 säuerlicher Apfel (z.B. Boskop)
etwas fr. Thymian
etwas Salz, Pfeffer u. Paprika a. d. Mühle

Genießen Sie die Schwäbische Laugenbrezel leicht ausgekühlt mit etwas frischer Butter.

Weintipp: Den Schwaben schmeckt der Wein zur Brezel besonders gut. Dazu gehört ein schöner Trollinger trocken, z. B. von Drautz-Able.

Kaffeetipp: Für die besondere Tasse oder als Mitbringsel zum Gebäck ein frödo Mexico Maragogype.

2002
Spätburgunder
Weissherbst
IHRINGER WINKLERBERG
KABINETT · TROCKEN
QUALITÄTSWEIN MIT PRÄDIKAT
A.P.-NR. 311-24-03
ERZEUGERABFÜLLUNG
WEINGUT DR. HEGER

Gefüllte Brezel

Zubereitung:

① Das Mehl in eine Schüssel sieben und in die Mehlmitte eine Mulde eindrücken.
② Die Hefe in etwas warmem Wasser auflösen, in die Mulde gießen und mit Mehl bestreuen. Den Vorteig zugedeckt ca. 15 Min. ruhen lassen.
③ Das restliche Wasser, Zucker und Salz dazugeben und alles zusammen zu einem glatten, festen Teig kneten. Den Teig schlagen, bis er Blasen wirft und nochmals 40–50 Min. ruhen lassen.
④ Den Teig zu einer ca. 45 x 25 cm großen Teigplatte auswellen. Mit einem scharfen Messer von der Teigplatte 6 Streifen mit einer Länge von jeweils ca. 25 cm abschneiden.
⑤ Für die Füllung die Petersilie und die Frühlingszwiebel waschen und abtropfen lassen. Die Petersilie abzupfen und klein hacken. Die Frühlingszwiebel in feine Ringe schneiden.
⑥ Schinken in feine Streifen schneiden, mit Petersilie, Zwiebelröllchen, Crème fraîche und Quark vermischen, würzen und auf die Mitte der Teigstreifen verteilen. Die Teigkanten hochziehen und zum Schließen zusammendrücken, jeweils zu einem Teigstrang ausrollen und zu Brezeln formen. Noch einmal abdecken und weitere 10 Min. ruhen lassen.
⑦ Den Backofen vorheizen und ein Backblech mit Backpapier auslegen oder fetten.
⑧ Die Brezeln mit Backnatron nach Methode 1, 2 oder 3 belaugen (siehe S. 31). Mit einer Gabel die gefüllte Seite einstechen und mit gehackter Petersilie bestreuen.
⑨ Auf das Backblech legen und auf der mittleren Schiebeleiste 20–25 Min. backen. Vom Backblech nehmen und auf einem Kuchengitter etwas abkühlen lassen.

Zutaten:
(für 6 Brezeln)
a) Brezelteig:
275 g Weizenmehl (Type 405)
$1/4$ W. fr. Hefe (10 g)
150 ml warmes Wasser
1 Msp. Zucker
1 TL Salz

b) Füllung:
$1/2$ Bd. Petersilie
1 Frühlingszwiebel
200 g Putenschinken
50 g Crème fraîche
50 g Speisequark
etwas Salz u. Pfeffer
etwas geh. Petersilie
  zum Bestreuen

Teiggewicht: ca. 450 g
100 g enthalten: ca. 833,5 kJ bzw. 199,1 kcal oder 2,4 BE

Hitze:
Elektro: 200° C
Umluft: 180° C
Gas: Stufe 3
Backzeit: 20–25 Min.

Weintipp: *Für eine gut abgerundete Malzeit reichen Sie zu unserer gefüllten Brezel einen frischen Salat und einen trockenen Weißherbst. Da empfehlen wir Ihnen einen Spätburgunder Kabinett vom Weingut Dr. Heger, Ihringen am Kaiserstuhl, mit seiner eleganten, frischen Burgundernote.*

Blättrige Käsebrezel

Zutaten:
(für etwa 20 Brezeln)

a) Blätterteig:
- 250 g Backmargarine od. Butter
- 275 g Weizenmehl (Type 1050)
- ½ TL Salz
- ½ TL Zucker
- 125 ml kaltes Wasser
- 1 fr. Ei zum Bestreichen

b) Füllung:
- 250 g ger. Hartkäsemischung
- 4 EL Röstzwiebeln

Teiggewicht: ca. 660 g
100 g enthalten: ca. 1929,2 kJ bzw. 458,6 kcal oder 2 BE

Hitze:
- Elektro: 210° C
- Umluft: 190° C
- Gas: Stufe 3–4

Backzeit: 16–20 Min.

Zubereitung:

a) Blätterteig:

① Die Margarine in Würfel schneiden und etwa 30 Min. kühl stellen.

② Das Mehl in eine Schüssel sieben und das Salz sowie den Zucker unter das Mehl mischen. Dann die gekühlten Margarinewürfel zugeben und das kalte Wasser in die Schüssel schütten.

③ Alles zusammen mit der Hand verkneten, bis der Teig bündig, die Margarinewürfel aber noch sichtbar sind.

④ Ein Rechteck formen, dann mit 5 „einfachen Touren", wie auf Seite 27 beschrieben, behandeln. Den Teig zwischendurch etwas kühlen.

b) Käsebrezel:

① Den Blätterteig auf einer bemehlten Fläche mit einem Nudelholz zu einem Rechteck von etwa 30 x 40 cm Größe auswellen.

Siehe auch Backschule Seite 27: »Blitzblätterteig«.

② Das Ei in einer kleinen Schüssel verquirlen und mit einem Backpinsel auf dem Teig verstreichen.
③ Nun werden mit einem scharfen Messer oder Teigrädchen Streifen von 1–2 cm Breite geschnitten und die geriebene Käsemischung sowie die Röstzwiebeln darauf verteilt.
④ Die Teigstreifen seitlich anfassen, dann mit der einen Seite nach oben, mit der anderen aber nach unten spiralförmig ausrollen. Dadurch wird die Käsemischung eingerollt und der glatte Teig (untere Teigseite) wird außen sichtbar.
⑤ Die Teigstränge zu Brezeln formen, aber ohne einen Knoten zu schlingen. Das heißt, die Stränge werden nur übereinander gelegt und etwas angedrückt.
⑥ Den Backofen vorheizen. Ein Blech mit Backpapier auslegen oder fetten.
⑦ Die Brezeln mit Backnatron nach Methode 2 oder 3 belaugen (siehe S. 31).
⑧ Auf mittlerer Schiene etwa 16–20 Min. backen.

Wir empfehlen dazu einen „Tüseco" – ein interessanter Sekt aus Tübingen, einem ganz exotischen Weingebiet in Württemberg, vom Jungwinzer Gugel.

Kaffeetipp: *Dazu passt auch eine „Wiener Kaffeehausmischung", eine ausgewogene Mischung, hocharomatisch, säurearm und nicht besonders kräftig von Willy Hagen.*

Dinkel-Laugenbrezel

Zutaten:

(für 12–14 Brezeln)

a) Einweichen:
150 g Dinkelvollkornmehl
150 ml kochendes Wasser

b) Brezelteig:
600 g Dinkelmehl (Type 630)
¾ W. fr. Hefe (30 g)
300 ml kaltes Wasser
2 EL Quark
2 TL Salz
1 TL Zucker

Teiggewicht: ca. 1300 g
100 g enthalten: ca. 1087,9 kJ bzw. 259,8 kcal oder 4,2 BE

Hitze:
Elektro: 210° C
Umluft: 190° C
Gas: Stufe 3–4
Backzeit: 15–20 Min.

Zubereitung:

a) Einweichen

① Das Dinkelvollkornmehl in eine Schüssel geben und mit heißem Wasser übergießen.
② Mit einem Kochlöffel verrühren, dann etwa 1 Std. quellen lassen.

b) Brezelteig:

① Das Dinkelmehl in eine Schüssel sieben und das eingeweichte Vollkornmehl zugeben.
② Die Hefe im Wasser auflösen und in die Schüssel schütten.
③ Den Quark, das Salz und den Zucker zufügen und alles zusammen zu einem glatten Teig kneten. Zugedeckt etwa 30 Min. ruhen lassen.
④ Den Teig aus der Schüssel nehmen, in 12–14 Stücke teilen und zu runden Teigstücken formen. Zugedeckt 15–20 Min. gehen lassen.
⑤ Ein Backblech mit Backpapier auslegen oder fetten. Die runden Teigstücke werden zu Strängen von 40–50 cm gerollt, die an den Enden dünner werden. Die Teigstränge zu Brezeln schlingen und auf das Backblech legen und abgedeckt ca. 30 Min. aufgehen lassen.
⑥ Den Backofen vorheizen.
⑦ Die Dinkel-Laugenbrezeln mit Backnatron nach Methode 1, 2 oder 3 belaugen (siehe S. 31f.) und auf mittlerer Schiene backen.

Diese feine Brezel, mit Butter serviert, serviert mit einem Bacharacher Hahn Riesling, Spätlese trocken vom Weingut Toni Jost in Bacharach, Mittelrhein, ist für jeden Empfang bereit – mit einer vollkommenen Geschmacksnote.

Weintipp:

Bärlauchbrezel mit Pinienkernen

Zubereitung:

① Das Mehl in ein Schüssel sieben und in die Mitte eine Mulde eindrücken.

② Die Hefe in einem Teil Wasser auflösen, in die Mulde schütten und mit etwas Mehl verrühren.

③ Den Quark, das Bärlauchpesto und das Salz auf dem Mehlrand verteilen und zugedeckt 20 Min. ruhen lassen.

④ Das restliche Wasser zugeben und zu einem glatten Teig kneten. Zum Schluss die Pinienkerne dem Teig zugeben und kurz unterkneten.

⑤ Den Teig aus der Schüssel nehmen, in 8–10 Stücke teilen und zu runden Teigstücken formen. Zugedeckt 25–30 Min. ruhen lassen.

⑥ Den Backofen vorheizen. Ein Blech mit Backpapier auslegen oder fetten.

⑦ Die Teigstücke zu Strängen von etwa 40 cm rollen. Dabei sollte die Mitte (Bauch der Brezel) schön dick bleiben, die Ärmchen aber umso dünner. Die Teigstränge zu Bre-

Zutaten:
(für 8–10 Brezeln)
600 g Weizenmehl (Type 550)
$1/2$ W. fr. Hefe (20 g)
300 ml Wasser
50 g Quark
60 g Bärlauchpesto
2 TL Salz
60 g Pinienkerne

Teiggewicht: ca. 1100 g
100 g enthalten: ca. 1131,1 bzw. 270,2 kcal oder 4 BE

Hitze:
Elektro: 210° C
Umluft: 190° C
Gas: Stufe 3–4
Backzeit: 18–20 Min.

zeln schlingen, auf das Backblech setzen und abdecken. Die Brezeln müssen nun 20–30 Min. aufgehen.

⑧ Die Brezeln mit Backnatron nach Methode 1, 2 oder 3 belaugen (siehe S. 31) und den Brezelbauch mit einem scharfen Messer tief einschneiden. Die Bärlauchbrezeln auf mittlerer Schiene backen.

Variante

Bärlauchbrezel mit Schafskäse

Den Schnitt am Bauch der Bärlauchbrezel mit den Fingern etwas auseinander ziehen, dann je Brezel 1 TL Bärlauchpesto einstreichen. Einige Würfel Schafskäse oder geriebene Käsemischung darüber geben und ab in den Ofen.

Bärlauch ist nicht jedermanns Ding. Ersetzen Sie das Pesto einfach mit blanchiertem und fein geschnittenem Spinat sowie etwas fein gehacktem Schnittlauch.

Herrlich passt zu der Bärlauchbrezel der Blaue Spätburgunder trocken, vom Weingut der Brüder Dr. Becker, Ludwigshöhe in Rheinhessen.

Weintipp:

Weizenvollkornbrezel

Zutaten:
(für 10–12 Brezeln)
a) Vorteig:
275 g Weizenvollkornmehl
200 ml warme Milch
¾ W. fr. Hefe (30 g)

b) Brezelteig:
275 g Weizenvollkornmehl
200 g Weizenmehl (Type 1050)
1 TL Honig
1 fr. Ei
2 TL Salz
200 ml kaltes Wasser
etwas Weizenkleie
 zum Bestreuen

Teiggewicht: ca. 1250 g
100 g enthalten: ca. 1071,5 kJ bzw. 255,9 kcal oder 3,9 BE

Hitze:
Elektro: 210° C
Umluft: 190° C
Gas: Stufe 3–4
Backzeit: 18–20 Min.

Zubereitung:

a) Vorteig:
① Das Weizenvollkornmehl in eine Schüssel geben und die Milch mit der darin aufgelösten Hefe darüber schütten.
② Miteinander verkneten und zugedeckt etwa 1 Std. ruhen lassen.

b) Brezelteig:
① Die beiden Mehle in eine Schüssel geben und von Hand miteinander vermischen, dann den Vorteig zugeben.
② Den Honig, das Ei, das Salz und das Wasser ebenfalls zugeben und alles zusammen zu einem glatten Teig kneten. Den Teig zugedeckt etwa 30 Min. ruhen lassen.
③ Den Teig in 10–12 Stücke teilen, etwas länglich rollen und zugedeckt 10 Min. ruhen lassen.

④ Ein Backblech mit Backpapier auslegen oder fetten. Aus den Teigstücken Stränge von 40–50 cm rollen, indem der Bauch dick, die Ärmchen aber etwas dünner werden. Zu Brezeln schlingen, auf das Backblech legen und abdecken. Die Brezeln müssen jetzt ca. 20 Min. aufgehen.
⑤ Den Backofen vorheizen.
⑥ Die Brezeln mit Backnatron nach Methode 1, 2 oder 3 belaugen (siehe S. 31), mit Weizenkleie bestreuen und auf mittlerer Schiene backen.

Weintipp: Versuchen Sie zu diesem Rezept doch mal einen Weißburgunder Kabinett trocken, vom Weingut Born in Höhnstedt, Saale-Unstrut.

Dazu passt:

Kalbsleber-Aufstrich

Zubereitung:
① Das Fleisch in einen Topf geben. Das Suppengrün waschen, etwas abtupfen und klein schneiden. Das Suppengrün und die Gewürze zum Fleisch geben und mit Wasser auffüllen. Das Fleisch sollte etwas mit Wasser bedeckt sein. Das Wasser zum Kochen bringen und bei mäßiger Hitze ca. 1–1 1/2 Std. garen.
② Nun das Fleisch aus dem Wasser nehmen und die Leber ins Wasser legen. Die Leber ca. 15–20 Min. garen lassen und aus dem Wasser nehmen.
③ Die Schalotte schälen und fein würfeln. Den Speck in kleine Würfel schneiden. Die Zitronenschale abreiben. Den Majoran abspülen, abtupfen und die Stiele entfernen. Die Schalotte und den Speck in einem Topf erhitzen, die Zitronenschale und Majoran dazugeben und unter ständigem Rühren den Speck glasig dünsten.
④ Das etwas abgekühlte Fleisch und die Leber klein schneiden und alles zusammen, mit Speck, Gewürzen und 1/2 T. Sud in einem Mixer pürieren.

Kalbsleber-Aufstrich:
100 g Schweinehals (ohne Knochen u. Schwarte)
1/2 Bd. fr. Suppengrün
1 Lorbeerblatt
3 Pfefferkörner
etwas Salz
100 g Kalbsleber
1 Schalotte
50 g durchwachsener, geräucherter Speck
Schale v. 1/2 unbeh. Zitrone
etwas fr. Majoran
etwas Pfeffer a. d. Mühle

Kümmelbrezel

Zutaten:
(für 14–16 Brezeln)
700 g Weizenmehl (Type 550)
3/4 W. fr. Hefe (30 g)
320 ml Milch
1 fr. Ei
2 TL Salz
2 TL Zucker
1 TL gem. Kümmel
100 g Butter
3–4 EL ganzer Kümmel
   zum Bestreuen

Teiggewicht: ca. 1250 g
100 g enthalten: ca. 1484,7 kJ bzw.
                        354,6 kcal oder 4,5 BE

Hitze:
Elektro: 210° C
Umluft: 190° C
Gas: Stufe 3–4
Backzeit: 18–20 Min.

Zubereitung:
① Das Mehl in eine Schüssel sieben und in die Mitte eine Mulde eindrücken.
② Die Hefe in einem Teil Milch auflösen, in die Mulde schütten und mit etwas Mehl verrühren. Das Ei, das Salz, den Zucker, den gemahlenen Kümmel sowie die in Stücke geschnittene Butter auf dem Mehlrand verteilen und zugedeckt 30 Min. ruhen lassen.
③ Dann die restliche Milch zugeben und alles zusammen zu einem glatten Teig verkneten. Den Teig in 14–16 Stücke teilen und zu runden Teigstücken formen. Zugedeckt etwa 20 Min. ruhen lassen.
④ Ein Backblech mit Backpapier auslegen oder fetten. Die Teigstücke zu gleichmäßig dicken Strängen von etwa 60–70 cm rollen, zu Brezeln schlingen, auf das Backblech legen, abdecken und ca. 20 Min. aufgehen lassen.

⑤ Den Backofen vorheizen.
⑥ Die Brezeln mit Backnatron nach Methode 1, 2 oder 3 belaugen (siehe S. 31). Mit ganzem Kümmel bestreuen und auf mittlerer Schiene backen.

Weintipp: Hervorragend und interessant passt zur Kümmelbrezel die fein fruchtige, harmonische fränkische Randersacker Sonnenstuhl Scheurebe, Spätlese trocken aus dem Weingut Schmitt´s Kinder in Randersacker.

Die schnelle Version für den unangemeldeten Besuch.

Blitz-Quarkteig-Brezel

Zubereitung:
① Das Mehl mit dem Backpulver vermischen und in eine Schüssel sieben. Dann Salz und Zucker darunter mischen.
② Den Quark, das Speiseöl und das Wasser zufügen und alles zusammen zu einem glatten Teig kneten.
③ Den Teig aus der Schüssel nehmen und in 10–12 Stücke teilen. Daraus runde Teigstücke formen und zugedeckt 10 Min. ruhen lassen.
④ Den Backofen vorheizen und ein Backblech mit Backpapier auslegen oder fetten.
⑤ Nun werden die runden Teigstücke zu Teigsträngen von etwa 30 cm gerollt, dann die Brezeln geschlungen. Die Ärmchen andrücken und die Brezeln mit den Ärmchen nach unten auf das Backblech legen.
⑥ Die Brezeln mit Backnatron nach Methode 1, 2 oder 3 belaugen (siehe S. 31). Mit Sesam, Mohn oder gekörntem Salz bestreuen und auf mittlerer Schiene backen.

Zur Verschönerung dieser schmackhaften Blitz-Quarkteig-Brezel könnten Sie vor dem Backen mit einer Schere am Bauch der Brezel Zacken einschneiden.

Diese leichte Brezel eignet sich hervorragend für Ihren nächsten Sektempfang. Dazu empfehlen wir Ihnen den SeccoNello vom Weingut Nelles, Ahr, mit seiner sommerlichen, spritzigen Note aus Riesling verperlt.

Zutaten:
(für 10–12 Brezeln)
600 g Weizenmehl (Type 550)
2 P. Backpulver (30 g)
2 TL Salz
2 TL Zucker
250 g Quark
200 ml Speiseöl
50–100 ml Wasser
etwas Sesam, Mohn od. grobes, gekörntes Salz zum Bestreuen

Teiggewicht: ca. 1200 g
100 g enthalten: ca. 1728,7 kJ bzw. 412,9 kcal oder 3,9 BE

Hitze:
Elektro: 210° C
Umluft: 190° C
Gas: Stufe 3–4
Backzeit: 16–18 Min.

Knoblauchbrezel

Zutaten:
(für 8–10 Brezeln)

a) Vorarbeiten:
100 g Knoblauch (eingelegt)
½ Bd. Schnittlauch

b) Brezelteig:
500 g Weizenmehl (Type 550)
½ W. fr. Hefe (20 g)
250 ml handw. Wasser
50 g Joghurt
1 TL Knoblauchpulver
1 ½ TL Salz
etwas grobes, gekörntes Salz zum Bestreuen

Teiggewicht: ca. 890 g
100 g enthalten: ca. 1046,2 kJ bzw. 249,9 kcal oder 4,3 BE

Hitze:
Elektro: 210° C
Umluft: 190° C
Gas: Stufe 3–4
Backzeit: 18–20 Min.

Zubereitung:

a) Vorarbeiten:
① Eingelegten Knoblauch in dünne Scheiben schneiden.
② Den Schnittlauch waschen, dann sehr fein schneiden. Zusammen mit dem Knoblauch beiseite legen.

b) Brezelteig:
① Das Weizenmehl abwiegen und in eine Schüssel sieben.
② Die Hefe im Wasser auflösen und zum Mehl geben.
③ Den Joghurt, das Knoblauchpulver und das Salz ebenfalls zugeben, nun wird der Teig so lange geknetet, bis er sich von der Schüssel löst.
④ Jetzt den geschnittenen Knoblauch sowie den Schnittlauch hinzufügen und kurz unter den Teig kneten.
⑤ Den Teig aus der Schüssel nehmen und in etwa 8–10 gleich große Stücke teilen, rund formen und zugedeckt 15–20 Min. ruhen lassen.
⑥ Den Backofen vorheizen und ein Backblech mit Backpapier auslegen oder fetten.
⑦ Die runden Teigstücke gleichmäßig lang ausrollen (etwa 30 cm), dann zu einer Brezel schlingen, abdecken und ca. 20 Min. aufgehen lassen.
⑧ Brezeln mit Backnatron nach Methode 1, 2 oder 3 belaugen (siehe S. 31), aufs Backblech setzen, mit gekörntem Salz bestreuen und auf mittlerer Schiene backen.

Ein richtiger Freitagabendschmaus wird diese eigenwillige Brezel, wenn Sie dazu den Spätburgunder Musbacher Eselshaut, „SC" trocken aus dem Hause A. Christmann genießen.

Weintipp:

Kartoffelbrezel

Zubereitung:
① Das Mehl in eine Schüssel sieben und in die Mehlmitte eine Mulde eindrücken.
② Die Hefe in etwas warmem Wasser auflösen, in die Mulde schütten und mit Mehl bestreuen. Den Vorteig ca. 15 Min. ruhen lassen.

③ Die Kartoffeln reiben und mit dem restlichen Wasser verrühren. Mit dem Salz zum Mehl geben und zu einem glatten Teig kneten.
④ Den Teig in 8–10 Stücke teilen und nochmals zugedeckt 20–30 Min. ruhen lassen.
⑤ Den Backofen vorheizen. Ein Blech mit Backpapier auslegen oder fetten.
⑥ Aus den Teigstücken Brezeln formen und auf das Backblech legen.
⑦ Die Brezeln mit Backnatron nach Methode 1, 2 oder 3 belaugen (siehe S. 31). Die Brezeln mehrmals senkrecht einschneiden und mit dem Salz bestreuen.
⑧ Auf der mittleren Schiebeleiste 15–20 Min. backen. Die Brezeln vom Backblech nehmen und auf einem Kuchengitter abkühlen lassen.

Zutaten:
(für 8–10 Brezeln)
500 g Weizenmehl (Type 550)
3/4 W. fr. Hefe (30 g)
200–250 ml warmes Wasser
1 TL Salz
2 mittelgr. gek. u. geschälte Kartoffeln
etwas grobes, gekörntes Salz zum Bestreuen

Teiggewicht: ca. 920 g
100 g enthalten: ca. 1685,1 kJ bzw. 402,5 Kcal oder 3,1 BE

Hitze:
Elektro: 200° C
Umluft: 180° C
Gas: Stufe 3
Backzeit: 15–20 Min.

Weintipp: Servieren Sie die Kartoffelbrezel mit feinem Lachsschinken und reichen Sie dazu einen Traiser Rotenfels Riesling, Spätlese trocken, vom Weingut Dr. Crusius in Traisen (Nahe).

Zu einer zünftigen bayerischen Brezelmahlzeit gehören natürlich Weißbier und Weißwurst.

Original bayrische Laugenbrezel

DAS ORIGINAL

Zubereitung:
① Das Mehl in eine Schüssel sieben und das Wasser mit der darin aufgelösten Hefe zugeben.
② Ebenfalls die Dickmilch sowie das Salz und die Margarine zugeben und alles zusammen zu einem glatten Teig kneten. Zugedeckt etwa 30 Min. ruhen lassen.
③ Den Teig aus der Schüssel nehmen und in etwa 10 Stücke teilen. Die Teigstücke erst etwas rund formen, nach kurzer Ruhezeit von ca. 15 Min. dann zu Teigsträngen von etwa 60 cm rollen. Die Teigstränge gleichmäßig dick ausrollen, so dass nur ein kleiner Bauch in der Mitte des Stranges bleibt.
④ Die Teigstränge zu Brezeln schlingen, dabei werden die Ärmchen nicht seitlich wie bei der schwäbischen Brezel, sondern oben am Bauch festgedrückt.
⑤ Den Backofen vorheizen. Ein Blech mit Backpapier auslegen oder fetten, die Brezeln darauf verteilen und abgedeckt ca. 20 Min. aufgehen lassen.
⑥ Die Brezeln mit Backnatron nach Methode 1, 2 oder 3 belaugen (siehe S. 31) und mit etwas körnigem Salz bestreuen.

Bayrische Brezeln werden nicht eingeschnitten und reißen deshalb an verschiedenen Stellen etwas auf. Keine Angst, das gehört ganz einfach dazu.

Zutaten:
(für etwa 10 Brezeln)
750 g Weizenmehl (Type 550)
3/4 W. fr. Hefe (30 g)
300 ml handw. Wasser
75 ml Dickmilch
2 TL Salz
60 g Margarine
etwas grobes, gekörntes Salz zum Bestreuen

Teiggewicht: ca. 1230 g
100 g enthalten: ca. 1256,8 kJ bzw. 300,2 kcal oder 4,4 BE

Hitze:
Elektro: 210° C
Umluft: 190° C
Gas: Stufe 3–4
Backzeit: 15–20 Min.

Kaffeetipp: … und wer kein Bier dazu genießt, soll es mal mit einem guten Kenia-Kaffee von Hagen versuchen. Kenia gehört zu den besten Provenienzen der Welt. Geschmacklich „schwer", kernig mit feinster Säure. Hocharomatisch, stark färbend in der Tasse.

DAS ORIGINAL

Original schwäbische Laugenbrötchen, Stangen und Hörnchen

Zutaten:
(für 12–14 Brötchen)
680 g Weizenmehl (Type 550)
¾ W. fr. Hefe (30 g)
400 ml handw. Wasser
2 TL Salz
½ TL Zucker
20 g Margarine
etwas grobes, gekörntes Salz zum Bestreuen

Teiggewicht: ca. 1145g
100 g enthalten: ca. 1102,4 kJ bzw. 263,3 kcal oder 4,3 BE

Hitze:
Elektro: 210° C
Umluft: 190° C
Gas: Stufe 3–4
Backzeit: 17–20 Min.

Zubereitung:

a) *Brötchenteig:*

① Das Mehl in eine Schüssel sieben und in die Mitte eine Mulde drücken. Die Hefe in einem Teil Wasser auflösen, in die Mulde schütten und mit etwas Mehl verrühren.

② Dann das Salz, den Zucker und die Margarine abwiegen und auf dem Mehlrand verteilen und abgedeckt 15 Min. ruhen lassen. Dann das restliche Wasser zugeben und zu einem glatten Teig kneten.

③ Den Teig aus der Schüssel nehmen und in 12–14 Stücke teilen. Die Teigstücke zu runden Brötchen formen und zugedeckt ca. 30 Min. ruhen lassen.
④ Den Backofen vorheizen und ein Backblech mit Backpapier auslegen oder fetten.

b) Laugenbrötchen:
① Die runden Brötchen noch einmal rund formen, dann auf das Backblech legen und ca. 30 Min. aufgehen lassen.
② Die Brötchen mit Backnatron nach Methode 1, 2 oder 3 belaugen (siehe S. 31) und mit einem scharfen Messer ein Kreuz einschneiden oder mit einem Brötchenstempel eindrücken. Dann mit körnigem Salz bestreuen und auf mittlerer Schiene backen.

c) Stangen:
① Die runden Brötchen zu Teigstangen von etwa 10 cm rollen. (Eine andere Möglichkeit wäre, die runden Brötchen mit einem Nudelholz zu dünnen, aber schmalen Fladen auszurollen. Dann die Fladen etwas in die Länge ziehen und stramm aufrollen.)
② Die Teigstangen auf das Backblech setzen und etwas aufgehen lassen.
③ Mit Backnatron nach Methode 1, 2 oder 3 belaugen (siehe S. 31) und mit einem scharfen Messer zwei- bis dreimal der Länge nach schräg einschneiden. Dann mit gekörntem Salz bestreuen und auf mittlerer Schiene backen.

d) Hörnchen:
① Die runden Brötchen wie bei c) zu Stangen formen, dann zu Hörnchen biegen und auf das Backblech setzen und ca. 30 Min. aufgehen lassen.
② Mit Backnatron nach Methode 1, 2 oder 3 belaugen (siehe S. 31) und mit gekörntem Salz bestreuen. Auf mittlerer Schiene backen.

TIPP!

Wenden Sie die Hörnchen oder Stangen nach dem Belaugen in Sesam, Mohn oder, nach deftiger Art, in geriebenem Käse.

Weintipp: *Ob zum Einstand oder zur Geburtstagsfeier ist Laugengebackenes immer das Richtige. Stoßen Sie dazu mit dem „Knippie"-Sekt aus dem Rheingau vom Weingut Baron zu Knyphausen an.*

Kastanienbrötchen

Zutaten:
(für 14–16 Brötchen)
450 g Weizenmehl (Type 1050)
225 g Weizenvollkornmehl
½ W. fr. Hefe (20 g)
150 ml warme Milch
2 TL Salz
2 TL Zucker
35 g Butter
340 ml Wasser
300 g gek. Esskastanien (Maroni)

Teiggewicht: ca. 1550 g
100 g enthalten: ca. 1037,0 kJ bzw. 247,7 kcal oder 3,7 BE

Hitze:
Elektro: 210° C
Umluft: 190° C
Gas: Stufe 3–4
Backzeit: 20–25 Min.

Zubereitung:

① Die beiden Mehle in eine Schüssel geben und in die Mitte eine Mulde drücken. Die Hefe in der Milch auflösen, in die Mulde schütten und mit etwas Mehl verrühren.

② Das Salz, den Zucker sowie die Butter auf dem Mehlrand verteilen und zugedeckt 30 Min. ruhen lassen.

③ Dann das Wasser zugeben und zu einem Teig kneten. Sobald der Teig sich von der Schüssel löst, die gekochten und etwas zerkleinerten Esskastanien (Maroni) zufügen und zu einem glatten Teig kneten. Den Teig 20–30 Min. zugedeckt ruhen lassen.

④ Ein Backblech mit Backpapier auslegen oder fetten.

⑤ Den Teig aus der Schüssel nehmen und in 14–16 Stücke teilen. Zu runden Brötchen formen und auf das Backblech legen. Die Brötchen abdecken und 30–40 Min. aufgehen lassen.

⑥ Den Backofen vorheizen.

⑦ Die Brötchen mit Backnatron nach Methode 1, 2 oder 3 belaugen (siehe S. 31). Mit einer Schere von der Mitte aus nach unten hin, ringsherum 4 Zacken einschneiden. Diese Zacken werden wiederum von oben einige Male eingeschnitten.

⑧ Die Kastanienbrötchen auf mittlerer Schiene kastanienfarbig backen.

Weintipp: Eine Spezialität zur „Spätziditädt". Darum empfehlen wir dazu den im Holzfass gereiften Spätburgunder trocken, vom Weingut Keller aus Rheinhessen.

Kaffeetipp: Dazu ist ein „Espresso Originale" von Willy Hagen sehr passend. Eine traditionelle Espressomischung in hell-dunkler Röstung, wie ihn der Norden Italiens liebt.

Maroni-Aufstrich

Zubereitung:
① Die Maroni waschen, auf der spitzen Seite kreuzweise einschneiden und in leicht gesalzenem Wasser 40–45 Min. weich kochen.
② Das heiße Wasser abgießen und die noch warmen Maroni schälen und enthäuten.
③ Mit dem Pürierstab oder Mixer pürieren, Crème fraîche, Butter und Zitronensaft dazugeben und verrühren.
④ Mit Salz und Pfeffer abschmecken.

Maroni-Aufstrich:
250 g Esskastanien (Maroni)
2 EL Crème fraîche
1 EL weiche Butter
1 EL Zitronensaft
etwas Salz u. Pfeffer a. d. Mühle

1.-August-Brötchen
zum Schweizer Nationalfeiertag
... oder darf's ein Gipfelbrötli sein?

Zutaten:

(für 10–12 Brötchen)
600 g Weizenmehl (Type 550)
½ W. fr. Hefe (20 g)
350 ml Milch
2 TL Salz
1 TL Zucker
100 g Butter
etwas Sesam od. Mohn
   zum Bestreuen

Teiggewicht: ca. 1090 g
100 g enthalten: ca. 1421,9 kJ bzw.
                339,6 kcal oder 4,2 BE

Hitze:
Elektro: 200° C
Umluft: 180° C
Gas: Stufe 3
Backzeit: 16–20 Min.

Zubereitung:

Brötchenteig:

① Das Mehl in eine Schüssel sieben und in die Mitte eine Mulde drücken. Die Hefe in einem Teil der Milch auflösen, in die Mulde schütten und mit etwas Mehl verrühren.

② Das Salz, den Zucker sowie die Butter auf dem Mehlrand verteilen und abgedeckt 30 Min. ruhen lassen.

③ Dann die restliche Milch zugeben und alles zusammen zu einem glatten Teig kneten. Den Teig aus der Schüssel nehmen und in 10–12 Stücke teilen. Die Teigstücke zu runden Brötchen formen und einige Min. abgedeckt ruhen lassen.

④ Den Backofen vorheizen. Ein Blech mit Backpapier auslegen oder fetten.

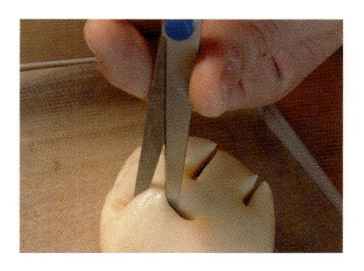

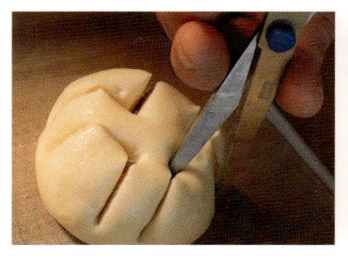

⑤ Brötchen wie angegeben vorbereiten, noch einmal rund formen, auf ein Backblech legen, abdecken und etwa 30 Min. aufgehen lassen.
⑥ Mit Backnatron nach Methode 1, 2 oder 3 belaugen (siehe S. 31) und mit einer Schere ein Schweizer Kreuz einschneiden und mit etwas Sesam bestreuen.
⑦ Die 1.-August-Brötchen auf mittlerer Schiene goldbraun gebacken.

Das 1.-August-Brötchen schmeckt natürlich auch sehr gut ohne zu belaugen. Bestreichen Sie das Teigstück, wie es in der Schweiz üblich ist, mit einem Ei und schneiden Sie dann ein Schweizer Kreuz darauf.

Gipfelbrötli — Variante

Mit gehobeltem Bergkäse und frischer Butter – ein unbeschreiblicher Genuss.

① Brötchen wie angegeben vorbereiten, die runden Brötchen einmal einschlagen und etwas länglich rollen. Dann auf das Backblech setzen und abgedeckt etwa 30 Min. aufgehen lassen.
② Mit Backnatron nach Methode 1, 2 oder 3 belaugen (siehe S. 31). Mit einer Schere seitlich an der Oberfläche 4 Stacheln (Berggipfel) einschneiden und auf mittlerer Schiene backen.

Kaffeetipp: Zu einer schweizer Spezialität passt auch gut eine Tasse aus bestem Kenya Pearl top von frödo.

Weintipp: Zu diesem besonderen Gebäck empfehlen wir Ihnen einen Wein vom Bodensee, der von der Sonne verwöhnt ist und aus sehr gutem Hause stammt – den Nacker Spätburgunder, halbtrocken, vom Weingut Susanne und Berthold Clauß, Lotstetten-Nack.

Tomatenbrötchen

Zutaten:
(für 10–12 Brötchen)
60 g getr. Tomaten
500 g Weizenmehl (Type 550)
250 g Weizenmehl (Type 1050)
3/4 W. fr. Hefe (30 g)
400 ml Wasser
2 TL Salz
1 TL Knoblauchpulver
1 TL Oregano
1 TL Paprikapulver
etwas Pizzagewürz
 zum Bestreuen

Teiggewicht: ca. 1270 g
100 g enthalten: ca. 1050,6 kJ bzw. 250,9 kcal oder 4,3 BE

Hitze:
Elektro: 200° C
Umluft: 180° C
Gas: Stufe 3
Backzeit: 20–22 Min.

Zubereitung:
① Die getrockneten Tomaten in eine Schüssel geben, mit heißem Wasser übergießen und einige Std. einweichen. Vor dem Verarbeiten das Wasser abschütten und die Tomaten mit der Hand leicht ausdrücken.
② Beide Mehle in eine Schüssel sieben und in die Mitte eine Mulde drücken. Die Hefe in einem Teil Wasser auflösen, in die Mulde schütten und mit etwas Mehl verrühren.
③ Das Salz, den Knoblauchsalz, den Oregano sowie das Paprikapulver auf dem Mehlrand verteilen, abdecken und etwa 30 Min. ruhen lassen.
④ Das restliche Wasser und die Tomaten zufügen und alles zusammen zu einem glatten Teig kneten. Den Teig zugedeckt 30 Min. ruhen lassen, dann aus der Schüssel nehmen und in 10–12 Stücke teilen.
⑤ Den Backofen vorheizen. Ein Blech mit Backpapier auslegen oder fetten.
⑥ Die Teigstücke zu runden Brötchen formen und auf das Backblech legen. Nun müssen die Tomatenbrötchen etwa 30–40 Min. aufgehen.
⑦ Die Brötchen mit Backnatron nach Methode 1, 2 oder 3 belaugen (siehe S. 31). Mit etwas Pizzagewürz bestreuen und auf mittlerer Schiene backen.

Dazu passt:

Feine Tomatensuppe

Tomatensuppe:
(für 4–5 Personen)
1/2 kg fr. Tomaten
1 EL Speiseöl
2 fein geh. Schalotten
1 Knoblauchzehe
1 EL Tomatenmark
1/2 TL Zucker
1/2 l Hühnerfont oder -brühe
etwas Salz
etwas Pfeffer
etwas fr. Petersilie

Zubereitung:
① Tomaten waschen, leicht über Kreuz einschneiden und kurz (1–2 Min.) in kochendes Wasser legen. Wasser abgießen und die Tomaten kalt abschrecken, dann die Haut entfernen und das Fruchtfleisch klein schneiden.
② Das Öl in einem mittelgroßen Topf erhitzen und die Schalotte mit der zerdrückten oder feinst gewürfelten Knoblauchzehe darin glasig andünsten.
③ Die Tomaten und das Tomatenmark dazugeben und bei mäßiger Hitze ca. 15 Min. köcheln lassen.
④ Den Zucker, die Brühe und die Gewürze dazugeben, gut verrühren und etwas abkühlen lassen.

⑤ Die Suppe mit einem Stabmixer pürieren, durch ein Haarsieb passieren und vor dem Servieren nochmals kurz erhitzen.
⑥ Mit Petersilie verzieren.

Weintipp: Ob als Abendessen serviert, oder als Mittagsmahl – der Riesling hierzu soll nicht fehlen. Kosten Sie den Bopparder Hamm Feuerlay trocken, Hochgewächs, vom Weingut Matthias Müller in Spay (Mittelrhein).

TIPP! Wer's lieber cremig mag, kann vor dem Erhitzen noch etwas Sahne dazugeben.

Zwiebelkrustis

Zubereitung:

① Beide Mehlsorten in eine Schüssel sieben und in die Mitte eine Mulde eindrücken.
② Hefe in einem Teil des Wassers auflösen, in die Mulde schütten, mit etwas Mehl verrühren. Die in Stücke geschnittene Butter und das Salz auf dem Mehlrand verteilen und abgedeckt etwa 15 Min. ruhen lassen.
③ Das restliche lauwarme Wasser zugeben und miteinander verkneten. Nach kurzem Kneten die Röstzwiebeln zugeben und alles zusammen zu einem glatten Teig verkneten. Den Teig in 12–14 Stücke teilen und etwas rund formen. Zugedeckt etwa 20 Min. ruhen lassen.
④ Die runden Teigstücke werden nochmals ganz schön rund geformt, sodass eine glatte Oberfläche entsteht. Das Gebäck muss jetzt ca. 30 Min. aufgehen.
⑤ Backofen vorheizen und ein Blech mit Backpapier auslegen oder fetten.
⑥ Die Brötchen mit Backnatron nach Methode 1, 2 oder 3 belaugen (siehe S. 31) und immer 2 Zwiebelkrustis nebeneinander auf das Backblech legen. Mit dem Messer einmal in Längsrichtung tief einschneiden
⑦ Zwiebelkrustis auf mittlerer Schiene knusprig backen.

Ein Zwiebelschmalz zum Zwiebelkrüstchen?! Dazu einfach den Schmalz von Seite 43 zubereiten und den Apfel durch eine Zwiebel ersetzen.

Zutaten:
(für 12–14 Brötchen)
500 g Weizenmehl (Type 550)
100 g Dinkelmehl (Type 630)
$1/2$ W. fr. Hefe (30 g)
350 ml handw. Wasser
30 g Butter
2 TL Salz
100 g Röstzwiebeln

Teiggewicht: ca. 1115 g
100 g enthalten: ca. 1118,8 kJ bzw. 267,2 kcal oder 4,1 BE

Hitze:
Elektro: 220° C
Umluft: 200° C
Gas: Stufe 4
Backzeit: 15–20 Min.

Weintipp: Zu diesem rezenten Brötchen bieten Sie am besten einen Blauschiefer Riesling trocken, vom Weingut Dr. Loosen in Berkastell als geschmackliche Abrundung an.

TIPP! Schneiden Sie eine Zwiebel in kleine Würfel und tunken Sie die belaugten Krustis vor dem Backen darin ein.

Siehe auch Backschule Seite 28: »Der Croissantteig«.

Laugencroissant

Zubereitung:

a) *Butterplatte (am besten am Vortag herstellen):*

① Die Butter mit dem Mehl zu einer gleichmäßigen Masse verkneten und zu einem Rechteck von etwa 20 x 15 cm formen.

② Die geformte Butterplatte abgedeckt gut durchkühlen lassen. So lässt sich die Butter gut weiterverarbeiten.

b) *Croissantteig:*

① Das Mehl in eine Schüssel sieben. Die Hefe in der kalten Milch auflösen und zum Mehl geben.

② Butter, Ei, Salz und Zucker ebenfalls zugeben und alles zusammen zu einem glatten Teig kneten.

③ Den Teig zu einem Rechteck flach drücken und abgedeckt 30–60 Min. (am besten im Gefrierfach) kühlen.

c) *Tourieren des Buttercroissantteig:*

① Den gut gekühlten Teig auf einer leicht bemehlten Backunterlage auf die doppelte Größe der Butterplatte auswellen. Die Butterplatte auf den Teig legen und damit einschlagen.

Zutaten:

(für 12–14 Croissants)

a) Butterplatte:
200 g Butter
2 EL Mehl

weitere Zutaten siehe nächste Seite

Die Zubereitung ist einfacher, als es sich anhört!

② Nun wird der Teig der Länge nach ausgewellt und eingeschlagen (siehe dazu auch Seite 28). Diesen Vorgang 2-mal wiederholen, dann den Teig zum besseren Weiterverarbeiten nochmals kühlen.

d) Wickeln der Laugencroissants:
① Den gut durchgekühlten Teig mit dem Nudelholz auf eine Größe von etwa 30 x 50 cm rechteckig auswellen.
② Den Teig der Länge nach mit einem scharfen Messer halbieren. Aus den beiden Teigstreifen werden nun möglichst gleich große Dreiecke geschnitten.
③ Die Teigdreiecke von der breiten Seite zur Spitze hin aufrollen und halbmondförmig biegen. Die Croissants abdecken und 30–40 Min. aufgehen lassen.
④ Backofen vorheizen. Ein Backblech mit Backpapier auslegen oder fetten.
⑤ Die Croissants mit Backnatron nach Methode 1, 2 oder 3 belaugen (siehe S. 31), auf das Backblech legen und mit etwas Sesam bestreuen. Dann auf mittlerer Schiene backen.

weitere Zutaten:

b) Croissantteig:
500 g Weizenmehl (Type 550)
3/4 W. fr. Hefe (30 g)
275 ml kalte Mich
20 g Butter
1 fr. Ei
1 1/2 TL Salz
3 TL Zucker
etwas Sesam zum Bestreuen

Teiggewicht: ca. 1145 g
100 g enthalten: ca. 1699,1 kJ bzw. 405,8 kcal oder 3,7 BE

Hitze:
Elektro: 210° C
Umluft: 190° C
Gas: Stufe 3–4
Backzeit: 18–20 Min.

Weintipp: Bieten Sie die Croissants als Snack zum fröhlichen Beisammensein an. Dazu darf der passende Wein nicht fehlen. Reichen Sie dazu einen Feuerberg Silvaner trocken, vom Weingut Michel-Pfannebecker in Rheinhessen, der mit seinem feinen Schmelz hervorragend abrundet.

Kaffeetipp: Zum besonderen Croissant empfehlen wir den besonderen Genuss des frödo Äthiopischen Mokkas.

Erdbeerkonfitüre

Zubereitung:
① Die Erdbeeren waschen, den Stiel entfernen, halbieren oder vierteln und in einer hohen Keramik- oder Glasschüssel mit dem Zucker vermischen. Die Erdbeeren ca. 30 Min. stehen lassen, bis sich etwas Saft abgesetzt hat. Alles zusammen mit einem Stabmixer oder Standmixer pürieren, kurz setzen lassen und nochmals mixen. Schmeckt wunderbar frisch.
② Möchten Sie die Konfitüre aufbewahren, reinigen Sie hierzu gründlich einige Schraubgläser, füllen sie beinahe bis zum Rand und bewahren diese im Kühlschrank auf (max. 3–4 Wochen).

Erdbeerkonfitüre:
500 g Erdbeeren
400 g Gelierzucker

Die leckeren Laugencroissants mit frischer Erdbeerkonfitüre und exzellentem Kaffee sind einfach ein Gedicht.

Handgeschlagene Salzbrötchen

Zubereitung:
① Das Mehl in eine Schüssel sieben und das Wasser mit der darin aufgelösten Hefe zugeben.
② Das Salz sowie die Margarine ebenfalls zugeben und alles zusammen zu einem glatten Teig kneten.
③ Den Teig abgedeckt etwa 1 Std. ruhen lassen.
④ Dann aus der Schüssel nehmen, in 10–12 Stücke teilen, runde Brötchen formen und etwa 20 Min. ruhen lassen.
⑤ Nun wird das Brötchen am Rand mit den Fingern beider Hände zu einer Art Spiegelei gedrückt. Wichtig ist, dass in der Mitte eine Erhöhung bleibt.
⑥ Nun wird der linke Daumen auf die rechte Seite des Teigstückes gelegt, mit dem Daumen und Zeigefinger der rechten Hand einen Zipfel des Teigrandes über den linken Daumen gezogen und fest angedrückt. Dieser Vorgang wiederholt sich etwa 10- bis 12-mal, bis um das ganze Brötchen der Teigrand eingeschlagen ist. Nun muss das Brötchen ca. 30 Min. aufgehen.
⑦ Backofen vorheizen. Ein Blech mit Backpapier auslegen oder fetten.
⑧ Die Brötchen mit Backnatron nach Methode 1, 2 oder 3 belaugen (siehe S. 31). Die Mitte mit körnigem Salz und Kümmel bestreuen und auf mittlerer Schiene backen.

Zutaten:
(für 10–12 Brötchen)
700 g Weizenmehl (Type 550)
3/4 W. fr. Hefe (30 g)
400 ml handw. Wasser
2 TL Salz
40 g Margarine
etwas grobes, gekörntes Salz u. etwas Kümmel zum Bestreuen

Teiggewicht: ca. 1180 g
100 g enthalten: ca. 1153,1 kJ bzw. 275,4 kcal oder 4,3 BE

Hitze:
Elektro: 210° C
Umluft: 190° C
Gas: Stufe 3–4
Backzeit: 18–20 Min.

Salzbrötchen mit Schinkenwurstfüllung

Variante

Zubereitung:
a) Füllung:
① Quark in eine Schüssel geben.
② Schinkenwurst in kleine Würfel schneiden, Knoblauchzehe schälen und zerdrücken, Petersilie waschen und klein schneiden.
③ Alles zusammen verrühren und würzen.

b) Brötchen
① Den Teig wie bei den Salzbrötchen zubereiten (siehe oben), dann aus der Schüssel nehmen und auf dem mit Mehl bestreuten Küchentisch mit einem Nudelholz gleichmäßig dünn auswellen.
② Mithilfe eines Ausstechers oder einer großen Tasse runde Fladen von 10–12 cm ausstechen. (Der Restteig kann noch einmal zusammengedrückt und neu ausgewellt werden.) Die Hälfte der ausgestochenen Kreise mit Wasser bestreichen und die Schinkenwurstfüllung darauf verteilen.
③ Die gefüllten Teigfladen werden nun mit den restlichen Fladen bedeckt und der Rand gut angedrückt.
④ Nun wird der Rand wie bei den Salzbrötchen (siehe oben Punkt 6) eingeschlagen.
⑤ Nachdem die gefüllten Salzbrötchen etwas aufgegangen sind, mit Backnatron nach Methode 1, 2 oder 3 belaugen (siehe S. 31). Dann an der Kuppe mit einer Gabel einige Male einstechen, mit gekörntem Salz und Kümmel bestreuen und auf mittlerer Schiene im vorgeheizten Backofen backen.

Salzbrötchen mit Schinkenwurstfüllung:
200 g Rahmquark
150 g fr. Schinkenwurst
1 Knoblauchzehe
½ Bd. Petersilie
etwas Salz u. Pfeffer a. d. Mühle

Hitze:
Elektro: 210° C
Umluft: 190° C
Gas: Stufe 3–4
Backzeit: 22–25 Min.

Weintipp: Zu diesem großartigen rezenten Brötchen bieten Sie am besten einen Forster Ungeheuer, Riesling Spätlese trocken von J. L. Wolf, erhältlich im Weingut Dr. Loosens aus Bernkastell, Mosel, aus Wachenheim in der Pfalz an.

Kaffeetipp: Versuchen Sie hierzu die aromatische und leichte Tasse aus „Mexiko Organico k. b. A" von Willy Hagen.

Buttermilch-Mütschele

Zutaten:
(für etwa 8 Mütschele)
700 g Weizenmehl (Type 550)
³/₄ W. fr. Hefe (30 g)
ca. 400 ml Buttermilch
100 g Butter
2 TL Salz
3 TL Zucker
2 fr. Eigelb
etwas Mohn
etwas Sesam
etwas grobes, körniges Salz

Teiggewicht: 1300 g
100 g enthalten: ca. 1368,0 kJ bzw.
326,7 kcal oder 4,1 BE

Hitze:
Elektro: 210° C
Umluft: 190° C
Gas: Stufe 3–4
Backzeit: 20–22 Min.

Zubereitung:
① Das Mehl in eine Schüssel sieben und die Hefe darüber bröckeln.
② Dann die Buttermilch, die in Stücke geschnittene Butter, Salz, Zucker und Eigelb zugeben und alles zu einem glatten Teig kneten, abdecken und etwa 30 Min. ruhen lassen.
③ Den Teig aus der Schüssel nehmen und in 8 Stücke teilen, zu runden Brötchen formen, dann etwas länglich rollen.
④ Nun mit den Handkanten an den beiden äußeren Enden eine Kerbe eindrücken. Dabei werden die Hände vor- und zurückgeschoben wodurch sich zwei kleine Teigknöpfe bilden, die aber nicht abgetrennt werden.

⑤ Ein Backblech mit Backpapier auslegen oder fetten. Die Mütschele auf das Backblech legen, etwas flach drücken und 20–30 Min. aufgehen lassen. Backofen vorheizen.

⑥ Sobald die Mütschele gut aufgegangen sind, mit Backnatron nach Methode 1, 2 oder 3 belaugen (siehe S. 31), dann mit einem scharfen Messer in der Mitte eine Raute einschneiden und mit Mohn, Sesam oder körnigem Salz bestreuen. Die Mütschele auf mittlerer Schiene backen.

Dazu passt:

Frischer Fleischsalat

Zubereitung:

① Die Wurst und die Gurken in feine Streifen schneiden. Die Paprika sehr fein würfeln und alles zusammen vermischen.

② Miracel Whip, Senf, Quark und Sahne miteinander verrühren, dazugeben und untermischen. Den Fleischsalat mit Salz, Pfeffer und Essig würzen. Ca. 1 Std. im Kühlschrank ziehen lassen, ggf. nachwürzen und anrichten.

③ Das Ei in Scheiben oder Würfel schneiden. Den Fleischsalat mit Ei und Petersilie verzieren.

Fleischsalat:
(für etwa 4 Personen)
350 g Fleischwurst od. feiner Fleischkäse
120 g Dillgurken
1/2 grüne Paprikaschote
1/4 rote Paprikaschote
6 EL Miracel Whip
1 1/2 TL Senf
2 EL Quark
2 EL Sahne
etwas Salz u. Pfeffer a. d. Mühle
etwas Weinessig
1 fr., hart gek. Ei
etwas Petersilie

Weintipp: Zum Abendessen servieren Sie die Buttermilch-Mütschele mit dem Heppenheimer Stemmler, ein feiner Riesling, Spätlese trocken von den Bergsträsser Winzern, Hessische Bergstraße.

Dinkel-Quark-Ecken

Zutaten:
(für 12–14 Brötchen)

a) Vorteig:
300 g Dinkelvollkornmehl
1 EL Sesam
1 EL Leinsamen
½ W. fr. Hefe (20 g)
400 ml handw. Wasser

b) Brötchenteig:
300 g Dinkelmehl (Type 630)
125 g Quark
20 g Margarine
2 TL Salz
etwas Sesam zum Bestreuen

Teiggewicht: ca. 1220 g
100 g enthalten: ca. 1063,1 kJ bzw.
253,9 kcal oder 3,5 BE

Hitze:
Elektro: 210° C
Umluft: 190° C
Gas: Stufe 3–4
Backzeit: 22–25 Min.

Zubereitung:

a) Vorteig:
① Dinkelvollkornmehl mit Sesam und Leinsamen in eine Schüssel geben. Wasser mit der darin aufgelösten Hefe ebenfalls zugeben und alles von Hand verrühren.
② Den Vorteig abgedeckt 1 Std. ruhen lassen.

b) Brötchenteig:
① Das Dinkelmehl in die Schüssel mit dem Vorteig sieben.
② Den Quark, die Margarine und das Salz zugeben und alles zusammen zu einem glatten Teig kneten.
③ Teig aus der Schüssel nehmen und auf dem bemehlten Küchentisch zu einem rechteckigen Teig zusammenlegen. Teig andecken und etwa 30 Min. ruhen lassen.
④ Nun wird der Teig auf dem bemehlten Küchentisch von Hand oder mit einem Nudelholz etwa 3 cm dick ausgewellt bzw. flach gedrückt.
⑤ Mithilfe eines Lineals oder gutem Augenmaß werden mit einem Messer etwa 12–14 Dreiecke aus dem Teig geschnitten.
⑥ Backofen vorheizen. Ein Blech mit Backpapier auslegen oder fetten. Die Dreiecke auf das Blech legen und 20–30 Min. aufgehen lassen.
⑦ Die Dreiecke mit Backnatron nach Methode 1, 2 oder 3 belaugen (siehe S. 31) und mit etwas Sesam bestreuen.
⑧ Die Dinkel-Quark-Ecken auf mittlerer Schiene knusprig backen.

Weintipp: *Zu diesen urigen Ecken empfehlen wir Ihnen den klassischen Typ des Rheingauer Rieslings, den Johannishof Charta Qualitätswein, Weingut Johannishof.*

Belaugte Bierbagels

Zubereitung:
① Alle Mehlsorten in eine Schüssel geben, vermischen und in die Mehlmitte eine Mulde eindrücken.
② Die Hefe in etwas warmem Bier auflösen, in die Mulde gießen und mit etwas Mehl bestreuen. Den Vorteig zugedeckt ca. 15–20 Min. ruhen lassen.

③ Das restliche Bier, Buttermilch, Zucker, Salz und Öl dazugeben. Alles zusammen zu einem glatten, festen Teig kneten und schlagen, bis der Teig Blasen wirft. Zugedeckt nochmals 40–50 Min. ruhen lassen.
④ Den Teig in 8–10 Stücke teilen, zu Kugeln formen und abdecken. Die Teigkugeln zu Ringen formen, abdecken und weitere 15–20 Min. ruhen lassen.
⑤ Den Backofen vorheizen. Ein Blech mit Backpapier auslegen oder fetten.
⑥ In einem Topf Wasser mit Backnatron zum Kochen bringen. Die Bagels von beiden Seiten 15–30 Sek. kochen und auf das Backblech legen.
⑦ Die Bagels auf der mittleren Schiebeleiste 20–25 Min. backen. Die heißen Bagels vom Blech nehmen und auf einem Kuchengitter abkühlen lassen.

Verwenden Sie für die Bagels am besten Hefeweizen-Bier, dies unterstützt den Wachstumsprozess der Hefe. Das Gebäck wird durch die Bierzugabe sehr homogen und bekommt einen besonderen Geschmack.

Weintipp: *Zu diesem herzhaft-deftigen Bagel empfehlen wir Ihnen den im Holzfass gereiften, fruchtigen Rotwein vom kleinen aber feinen Anbaugebiet Ahr des Weinguts Meyer-Näckel, den „us de la meng". Ein Cuvèe aus Spätburgunder, Dornfelder und Frühburgunder. Das lohnt sich!*

Dazu passt:

Schwarzwälder-Schinken-Aufstrich

Zubereitung:
① Schinkenscheiben klein würfeln schneiden. Tomaten waschen, über Kreuz einschneiden und ca. 3–5 Min. in kochendes Wasser legen. Gleich kalt abbrausen.
② Die Haut der Tomaten abziehen, Tomaten aufschneiden, die Kerne entfernen und in Würfel schneiden.
③ Alles zusammen mit dem Frischkäse verrühren und mit den Gewürzen abschmecken.

Zutaten:
(für 8–10 Bagels)
a) Bagelteig:
300 g Weizenmehl (Type 1050)
150 g Roggenmehl (Type 1150)
100 g Weizenmehl (Type 550)
$1/2$ W. fr. Hefe (20 g)
130 ml warmes Bier
150 ml warme Buttermilch
1 TL Zucker
1 $1/4$ TL Salz
2 EL Speiseöl

b) zum Kochen:
1 l Wasser
2–3 EL Backnatron

(siehe dazu auch die Laugenherstellung S. 31)

Teiggewicht: ca. 850 g
100 g enthalten: ca. 1092,6 kJ bzw.
261,0 kcal oder 4,1 BE

Hitze:
Elektro: 200° C
Umluft: 180° C
Gas: Stufe 3
Backzeit: 20–25 Min.

Schwarzwälder-Schinken-Aufstrich:
120 g Schwarzwälder Schinken
100 g Tomaten
100 g Frischkäse
etwas Salz u. Pfeffer

Butter-Laugenbrioche

Zutaten:
(für 12–14 Brioche)
650 g Weizenmehl (Type 550)
1 W. fr. Hefe (40 g)
75 ml warme Milch
2 TL Salz
2 EL Zucker
5 fr. Eier
175 g Butter
Mohn od. Sesam zum Bestreuen

Teiggewicht: ca.1250 g
100 g enthalten: ca. 1696,4 kJ bzw. 405,3 kcal oder 4,2 BE

Hitze:
Elektro: 200° C
Umluft: 180° C
Gas: Stufe 3
Backzeit: 16–20 Min.

Zubereitung:
① Das Mehl in eine Schüssel sieben und in die Mitte eine Mulde drücken.
② Die Hefe in der Milch auflösen, in die Mulde schütten und mit etwas Mehl verrühren.
③ Das Salz, den Zucker und die in Stücke geschnittene Butter auf dem Mehlrand verteilen, abdecken und 30 Min. ruhen lassen.
④ Anschließend die Eier zugeben und alles zusammen zu einem glatten Teig kneten. Den Teig etwa 30 Min. ruhen lassen.
⑤ Dann in 12–14 Stücke teilen und diese zu runden Brötchen mit Teigknopf formen.
⑥ Ein Backblech mit Backpapier auslegen oder fetten. Die Brioche darauf verteilen und gut aufgehen lassen.
⑦ Den Backofen vorheizen.
⑧ Nachdem die Brioche gut aufgegangen sind, mit Backnatron nach Methode 1, 2 oder 3 belaugen (siehe S. 31), mit Mohn oder Sesam bestreuen und auf mittlerer Schiene backen.

Warum nicht einmal ein frisch gebackenes Briochebrot zum Frühstück? Dazu einfach eine Brotbackform fetten oder mit Backpapier auslegen. Dann den Briocheteig in 10–12 Stücke teilen und diese zu runden Brötchen formen. Die Brötchen in 2 Reihen in die Backform legen und gut aufgehen lassen. Mit Backnatron nach Methode 2 oder 3 belaugen (siehe S. 31) und bei 200° C (Umluft: 180° C, Gas: Stufe 3) etwa 35–40 Min backen.

Weintipp: Bei jedem Fest sind Brioches sehr willkommen. Reichen Sie dazu den Heilbronner Spitzenwein Samtrot trocken, HADES, vom Weingut Drautz-Able, Württemberg.

Kaffeetipp: Wer eine Vorliebe für eine ganz feine, milde und doch würzige Tasse hat, sollte den frödo Australien dazu versuchen.

Belaugte Bagels

Zubereitung:

① Das Mehl in eine Schüssel sieben und in die Mitte eine Mulde drücken.
② Die Hefe in etwas warmer Milch auflösen, in die Mulde gießen und mit etwas Mehl bestreuen. Den Vorteig zugedeckt etwa 15 Min. ruhen lassen.
③ Die restliche Milch, in Stücke geschnittene Butter und Salz dazugeben. Alles zusammen zu einem glatten, festen Teig kneten und schlagen, bis der Teig Blasen wirft. Zugedeckt nochmals 40–50 Min. ruhen lassen.
④ Den Teig in 8–10 Stücke teilen und diese zu Kugeln formen und abdecken. Die Teigkugeln zu Ringen formen, noch einmal abdecken und weitere 10 Min. ruhen lassen.
⑤ Den Backofen vorheizen. Ein Blech mit Backpapier auslegen oder fetten.
⑥ In einem Topf Wasser mit Backnatron zum Kochen bringen. Die Bagels von beiden Seiten 15–30 Sek.

Zutaten:
(für 8–10 Bagels)
a) Bagelteig:
500 g Weizenmehl (Type 405)
$3/4$ W. fr. Hefe (30 g)
250 ml warme Milch
50 g weiche Butter
$1/2$ TL Salz

b) zum Kochen:
1 l Wasser
2–3 EL Backnatron
(siehe dazu auch die Laugenherstellung S. 31)

etwas grobes, gekörntes Salz zum Bestreuen

Teiggewicht: ca. 830 g
100 g enthalten: ca. 1244,6 kJ bzw. 297,3 kcal oder 4,1 BE

Hitze:
Elektro: 200° C
Umluft: 180° C
Gas: Stufe 3
Backzeit: 20–25 Min.

Servieren Sie belaugte Bagels und Brezeln absolut frisch, am besten noch warm. Kombiniert mit reichlich guter, frischer Butter entfaltet sich der typische Geschmack erst so richtig.

kochen und auf das Backblech legen und gleich mit grobem Salz bestreuen.

⑦ Die Bagels auf der mittleren Schiebeleiste 20–25 Min. backen. Die heißen Bagels vom Backblech nehmen und auf einem Kuchengitter abkühlen lassen.

Dazu passt:

Apfelmatjes

Zubereitung:

① Die Matjesfilets trockentupfen und nebeneinander in eine Schale legen.

② Die Limette auspressen. Den Apfel schälen, fein raspeln und in eine Schüssel geben. Gleich mit Limettensaft beträufeln, damit er sich nicht braun verfärbt. Den Sauerrahm dazugeben. Die Cornichons in Würfel schneiden. Den Dill waschen, vom Stiel befreien und klein hacken. Alles zusammen vermischen, würzen und über die Matjes verteilen.

③ Die Schalotte in feine Ringe schneiden und die Matjes damit verzieren.

Apfelmatjes:
(für etwa 4 Personen)
4 Matjesfilets
Saft von 1 Limette
1 säuerlicher Apfel
250 g Sauerrahm
80–100 g Cornichons
1/2 Bd. fr. Dill
etwas Salz u. Pfeffer
einige Senfkörner
etwas Zucker
1 Schalotte

Zu dieser Bilderbuch-Speise gehört auch ein Bilderbuch-Riesling, mit Rasse, Kraft und Fülle aus der ersten Lage; Uhlen Roth Lay vom Weingut Heymann-Löwenstein an der Mosel.

Weintipp:

Belaugte Weizen-Vollkorn-Bagels

Zubereitung:

① Alle Mehlsorten in eine Schüssel geben und in die Mehlmitte eine Mulde eindrücken.

② Die Hefe in ein wenig warmem Wasser auflösen, in die Mulde gießen und mit Mehl bestreuen. Den Vorteig zugedeckt 15–20 Min. ruhen lassen.

③ Die Oliven und den Schafskäse klein schneiden. Mit dem restlichen Wasser, Buttermilch und Salz zum Vorteig geben. Alles zusammen zu einem glatten, festen

Zutaten:
(für 8–10 Bagels)
a) Bagelteig:
100 g Weizen-Vollkornmehl
250 g Weizenmehl (Type 1050)
100 g Roggenmehl (Type 1150)
1/2 W. fr. Hefe (20 g)
150 ml warmes Wasser
50 g schwarze Oliven
100 g Schafskäse
125 ml warme Buttermilch
1 1/2 TL Salz

weitere Zutaten
siehe nächste Seite.

Teig kneten und schlagen, bis der Teig Blasen wirft. Zugedeckt nochmals 40–50 Min. ruhen lassen.

④ Teig in 8–10 Stücke teilen, zu Kugeln formen und abdecken. Die Teigkugeln zu Ringen formen, noch einmal abdecken und weitere 15–20 Min. ruhen lassen.

⑤ Den Backofen vorheizen. Ein Blech mit Backpapier auslegen oder fetten.

⑥ In einem Topf Wasser mit Backnatron zum Kochen bringen. Die Bagels von beiden Seiten 15–30 Sek. kochen, auf das Backblech legen und sofort mit Körnern bestreuen.

⑦ Auf der mittleren Schiebeleiste backen.

⑧ Die Bagels vorsichtig vom Backblech nehmen und auf einem Kuchengitter abkühlen lassen.

Weintipp: *Zum Bagelvesper empfehlen wir Ihnen vom Weingut Künstler in Hochheim, Rheingau, den Spätburgunder trocken von der Hochheimer Reichstal- Lage.*

weitere Zutaten:

b) zum Kochen:

1 l Wasser

2–3 EL Backnatron

(siehe dazu auch die Laugenherstellung S. 31)

versch. Körner (z.B. Sesam, Mohn, Leinsamen u. Sonnenblumenkerne) zum Bestreuen

Teiggewicht: ca. 900 g
100 g enthalten: ca. 995,2 kJ bzw. 237,7 kcal oder 3,1 BE

Hitze:	
Elektro:	200° C
Umluft:	180° C
Gas:	Stufe 3
Backzeit:	20–25 Min.

Belaugte Möhren-Bagels

Zutaten:

(für 8–10 Bagels)

a) Bageltteig:
500 g Weizenmehl (Type 405)
1/2 W. fr. Hefe (20 g)
1 Msp. Zucker
220–250 ml warmes Wasser
50 g Salami
1/2 kl. Zwiebel
50 g Champignons
150 g geraspelte Möhren
1 TL Zitronensaft
1 TL Salz

weitere Zutaten siehe nächste Seite

Zubereitung:

① Das Mehl in eine Schüssel sieben und in die Mitte eine Mulde drücken.

② Die Hefe und Zucker in etwas warmem Wasser auflösen, in die Mulde gießen und mit etwas Mehl bestreuen. Den Vorteig zugedeckt ca. 15 Min. ruhen lassen.

③ Salami, Zwiebel und Champignons klein schneiden.

④ Die geraspelten Möhren mit dem Zitronensaft vermischen. Alles zusammen mit dem restlichen Wasser und Salz dazugeben und zu einem glatten, festen Teig kneten. Den Teig schlagen, bis er Blasen wirft. Zugedeckt nochmals 40–50 Min. ruhen lassen.

⑤ Den Teig in 8–10 Stücke teilen, diese zu Kugeln formen und abdecken.

⑥ Die Teigkugeln zu Ringen formen, noch einmal abdecken und weitere 10 Min. ruhen lassen.

⑦ Den Backofen vorheizen. Ein Blech mit Backpapier auslegen oder fetten.
⑧ In einem Topf das Wasser mit Backnatron zum Kochen bringen. Die Bagels von beiden Seiten 15–30 Sek. kochen und auf das Backblech legen.
⑨ Die Bagels auf der mittleren Schiebeleiste ca. 20 Min. backen. Die heißen Bagels vom Backblech nehmen und auf einem Kuchengitter abkühlen lassen.

weitere Zutaten:

b) zum Kochen:
1 l Wasser
2–3 EL Backnatron

(siehe dazu auch die Laugenherstellung S. 31)

Teiggewicht: ca. 1050 g
100 g enthalten: ca. 846,3 kJ bzw. 202,0 kcal oder 3,2 BE

Hitze:
Elektro: 200° C
Umluft: 180° C
Gas: Stufe 3
Backzeit: ca. 20 Min.

Dazu passt:

Möhrensalat

Zubereitung:
Die Möhren und Äpfel waschen, schälen, fein raspeln und in eine Schüssel geben. Joghurt, Zitronensaft, Zucker und Gewürze dazugeben und unterrühren.
Den Möhrensalat ca. 30 Min. ziehen lassen und vor dem Servieren mit den Walnüssen verzieren.

Möhrensalat:
(für 4–5 Personen)
600 g Möhren
200 g säuerliche Äpfel
300 g Joghurt
Saft von 1 Zitrone
1 EL Zucker
etwas Salz u. Pfeffer
70–100 g grob geh. Walnüsse

Weintipp: *Zu diesem leichten, frischen Gemüse-Bagel mit Salat empfehlen wir Ihnen einen Müller-Thurgau trocken, vom Fürstlichen Castell'schen Domäneamt in Castell, Franken.*

Greyerzer-Speck-Laible

Zutaten:
(für 1 Brot)

500 g Weizenmehl (Type 550)
1/2 W. fr. Hefe (20 g)
300 ml Milch
75 g Butter
1 geh. TL Salz
1 geh. TL Zucker
150 g gewürfelter Speck
150 g Greyerzer Hartkäse
3 geh. EL Röstzwiebeln

Teiggewicht: ca. 1265 g
100 g enthalten: ca. 1295,2 kJ bzw. 309,4 kcal oder 3,0 BE

Hitze:
Elektro: 200° C
Umluft: 180° C
Gas: Stufe 3
Backzeit: 35–40 Min.

Zubereitung:

① Mehl in eine Schüssel sieben, in die Mitte eine Mulde drücken. Hefe in etwas lauwarmer Milch auflösen und in der Mulde mit etwas Mehl verrühren. Auf den Mehlrand die zerkleinerte Butter, das Salz und den Zucker geben und abgedeckt etwa 20 Min. ruhen lassen.

② Restliche Milch zugeben und einen glatten Teig kneten.

③ Erst jetzt Speck und Käsewürfel sowie die Röstzwiebeln zugegeben und vorsichtig darunter kneten. Nun muss der Teig abgedeckt 15 Min. ruhen.

④ Den Backofen vorheizen und ein Backblech mit Backpapier auslegen oder fetten.

⑤ Teig zu einem länglichen Brot formen, auf das Backblech setzen und 30–40 Min. aufgehen lassen.

⑥ Das Brot mit Backnatron nach Methode 2 oder 3 belaugen (siehe S. 31) und einmal der Länge nach mit einem scharfen Messer einschneiden. Dann auf mittlerer Schiene backen.

Dazu passt:

Rustikaler Salat

Zubereitung:
1. Salat waschen, abtropfen lassen und in eine Schüssel geben.
2. Schalotte schälen und klein schneiden und mit dem Essig, Senf, Salz, Pfeffer und Öl in einer Schüssel gut verrühren.
3. Das Ei mit einer Gabel zerdrücken und zur Verfeinerung untermischen.
4. Pinienkerne zum Dressing geben und alles mit dem Salat vermengen.

Weintipp: *Eine wunderbare Geschmacksvariante eröffnet sich Ihnen bei diesem Gericht, wenn Sie dazu eine Grauburgunder Auslese aus dem östlichsten Weingebiet in Deutschland, vom Weingut Proschwitz, Sachsen, dazu genießen.*

Rustikaler Salat:
(für etwa 4 Personen)
100 g Ackersalat
1 kl. Kopfsalat
200 g Möhrenstreifen

Dressing:
1 Schalotte
50 ml milder Weinessig
1 TL scharfer Senf
etwas Salz u. Pfeffer a. d. Mühle
120 ml gutes Erdnuss- od. Distelöl
1 fr. hart gek. Ei
2 EL Pinienkerne

TIPP! Servieren Sie das Greyerzer-Speck-Laugen-Laible noch warm, der käsig-speckige Duft wird die Gaumen Ihrer Gäste verführen...

Tofubrot »light«

Zubereitung:

a) Vorteig:
1. Das Weizenvollkornmehl mit der Weizenkleie trocken vermischen, dann mit der Hefe und dem Wasser von Hand zu einem Teig verkneten.
2. In einem geschlossenen Behälter etwa 12 Std. reifen lassen.

Tipp: Der Vorteig braucht Zeit zum Reifen und Quellen. Wenn die Zeit doch einmal knapp sein sollte, ist es möglich, die Hefemenge im Vorteig zu erhöhen um die Zeit zu beschleunigen. Trotzdem sollte der Vorteig mind. 2–3 Std. reifen können.

b) Brotteig:
1. Das Mehl mit dem Johannisbrotkernmehl mischen, in eine Schüssel sieben und dem Vorteig zugeben.
2. Die Hefe im lauwarmen Wasser auflösen und den anderen Zutaten hinzufügen. Das Salz abwiegen und alles zusammen zu einem geschmeidigen Teig kneten.

Zutaten:
(für 1 Brot)
a) Vorteig:
150 g Weizenvollkornmehl
50 g Weizenkleie
2 g fr. Hefe
200 ml handw. Wasser

weitere Zutaten
siehe nächste Seite

weitere Zutaten:

b) Brotteig:
350 g Weizenmehl (Type 1050)
5 g Johannisbrotkernmehl
5 g fr. Hefe
300 ml handw. Wasser
2 TL Salz
200 g Tofu
etwas Weizenkleie zum Bestreuen

Teiggewicht: ca. 1277 g
100 g enthalten: ca.719,0 kJ bzw. 171,7 kcal. oder 2,5 BE

Hitze:	
Elektro:	200° C
Umluft:	180° C
Gas:	Stufe 3
Backzeit:	50–60 Min.

③ Erst jetzt wird der in Würfel geschnittene, frische Tofu zugegeben und kurz unter den Teig geknetet. Den Teig abdecken und etwa 30 Min. ruhen lassen.
④ Den Backofen vorheizen. Ein Blech mit Backpapier auslegen oder fetten.
⑤ Den Teig nun rund formen und zum Aufgehen auf das Backblech legen. Sobald das Brot genügend aufgegangen ist (etwa 30 Min.), mit Backnatron nach Methode 2 oder 3 belaugen (siehe S. 31). Nach Belieben gleichmäßig mit etwas Weizenkleie bestreuen.
⑥ Mit einem scharfen Messer zwei parallele Schnitte ziehen und im vorgeheizten Backofen auf mittlerer Schiene backen.

Wenn das Brot doch schon zu sehr aufgegangen ist und eher flach auf dem Backblech liegt, besser nicht mehr einschneiden oder zumindest nur ganz flach. Anders ist es bei einem zu „jungen" Teig, wie man es in der Fachsprache bezeichnet, da wird das Brot tiefer eingeschnitten.

Dazu passt:

Tofu-Aufstrich

Tofu-Aufstrich:
200 g Tofu
1 EL Speiseöl
50 g Crème fraîche
1 säuerlicher Apfel
1 TL Zitronensaft
1 Schalotte
1/2 Msp. Kreuzkümmel
etwas Pfeffer
etwas Paprikapulver
etwas Salz
2 EL gem. Gartenkräuter (Schnittlauch, Petersilie u. Dill)

Zubereitung:
① Tofu durch ein Sieb drücken, Öl und Crème fraîche dazugeben.
② Den Apfel waschen und schälen, das Kerngehäuse entfernen, fein raspeln und mit Zitronensaft beträufeln.
③ Schalotte häuten und in sehr kleine Würfel schneiden.
④ Alles zusammen mit den Gewürzen und Kräutern gut vermischen.

Ein Weißwein rundet dieses Essen perfekt ab. Dazu empfehlen wir den Bopparder Hamm Engelstein Riesling Kabinett trocken, aus dem Weingebiet Mittelrhein vom Weingut Matthias Müller in Spay.

Weintipp:

Erdnussbrot

Zubereitung:

a) Vorteig:
① Das Mehl, die Hefe und das Wasser in eine Schüssel geben und miteinander verrühren.
② Den Vorteig abdecken und 1 – 1 ½ Std. ruhen lassen.

b) Brotteig:
① Das Mehl und das Wasser zum Vorteig geben und kurz miteinander verkneten.
② Dann den Zucker und das Salz zufügen und zu einem glatten Teig kneten.
③ Erst jetzt die Erdnussbutter sowie die Erdnüsse zum Teig geben und so lange weiterkneten, bis alles gut miteinander verknetet ist und der Teig sich von der Schüssel löst. Den Teig abdecken und 30 Min. ruhen lassen.
④ Den Backofen vorheizen. Ein Blech mit Backpapier auslegen oder fetten.
⑤ Den Teig aus der Schüssel nehmen und in 2 Stücke teilen. Die beiden Teigstücke nur ganz leicht länglich formen und nebeneinander (wie eine Erdnuss) auf das Backblech legen. Das Erdnussbrot abdecken und etwa 50 Min. aufgehen lassen.
⑥ Das Brot mit Backnatron nach Methode 2 oder 3 belaugen (siehe S. 31). Mit einem scharfen Messer das Brot quer einige Male einschneiden und auf mittlerer Schiene backen.

Als Erdnussbrot oder sogar als Brötchen hergestellt eignet sich dieses besondere Gebäck hervorragend für die Frühstückstüte am Nikolaustag. Das wäre doch eine nussige Überraschung für Groß und Klein, vor allem aber für den Brotliebhaber.

Zutaten:
(für 1 Brot)
a) Vorteig:
150 g Weizenmehl (Type 550)
½ W. fr. Hefe (20 g)
150 ml lauw. Wasser

b) Brotteig:
500 g Weizenmehl (Type 550)
220 ml Wasser
½ TL Zucker
2 TL Salz
50 g Erdnussbutter
100 g Erdnüsse

Teiggewicht: ca. 1200 g
100 g enthalten: ca. 1306,7 kJ bzw. 312,1 kcal oder 4,0 BE

Hitze:
Elektro: 200° C
Umluft: 180° C
Gas: Stufe 3
Backzeit: 50–55 Min.

Weintipp: *Eine Kombination aus Erdnussbrot mit dem Classic Riesling vom Weingut Schales aus Flörsheim-Dalsheim in Rheinhessen mit seiner eleganten Nase, ist ein Hochgenuss für Feinschmecker.*

Kaffeetipp: *Dazu passt ein würziger, säurearmer Kaffee, von Willy Hagen: ein Indonesien Arabica-Sumatra „Gayo Mountain".*

Dinki-Überraschungsbrot

Zutaten:
(für 1 Brot)

a) Einweichen:
60 g Dinkelkörner
30 g Dinkelvollkornflocken
30 g Kürbiskerne
30 g Leinsamen
30 g Sonnenblumenkerne
2 TL Salz
150 ml heißes Wasser

b) Vorteig:
150 g Dinkelmehl (Type 630)
2 g fr. Hefe
100 ml handw. Wasser

c) Brotteig:
400 g Dinkelmehl (Type 630)
1/4 W. fr. Hefe (10 g)
200 ml handw. Wasser
einige versch. Körner (z.B. Kürbiskerne, Leinsamen, Dinkelflocken od. Sonnenblumenkerne) zum Bestreuen

Teiggewicht: ca. 1230 g
100 g enthalten: ca. 1126,5 kJ bzw. 269,1 kcal oder 3,8 BE

Hitze:
Elektro: 200° C
Umluft: 180° C
Gas: Stufe 3
Backzeit: 55–60 Min.

Zubereitung:

a) Einweichen:
① Die Dinkelkörner in einem Topf mit Wasser aufkochen und etwa 15–20 Min. garen lassen.
② Die anderen Zutaten mit dem Salz in eine Schüssel wiegen und mit dem Wasser übergießen. (Da es heiß sein sollte, eignet sich das Wasser, in dem die Dinkelkörner gekocht wurden.)
③ Die gekochten Dinkelkörner ebenfalls in die Schüssel geben und alles miteinander vermischen. Bis zur Brotteigherstellung am nächsten Tag (8–10 Std.) abgedeckt quellen lassen.

b) Vorteig:
① Das Dinkelmehl mit der Hefe und dem Wasser verkneten, in eine Schüssel geben und abdecken. Über Nacht (8–10 Std.) bis zur Brotteigherstellung reifen lassen.

c) Brotteig:
① Das Mehl in eine Schüssel sieben, den Vorteig zugeben.
② Die Hefe im Wasser auflösen und zum Mehl und Vorteig geben. Zusammen wird ein glatter Teig geknetet.
③ Sobald der Teig gut durchgeknetet ist, eingeweichte Körner zugeben und alles kneten, bis sich der Teig vom Schüsselrand löst und Blasen wirft. (Falls der Teig zu weich ist, etwas Dinkelmehl zugegeben.)
④ Den Teig abdecken und etwa 1 Std. ruhen lassen. Zwischendurch immer wieder zusammen schlagen.
⑤ Den Backofen vorheizen und ein Backblech mit Backpapier auslegen oder fetten.
⑥ Den Teig zu einem länglichen Brot formen, auf das Backblech legen und 30–40 Min. aufgehen lassen.
⑦ Das Brot mit Backnatron nach Methode 2 oder 3 belaugen (siehe S. 31), und mit verschiedenen Körner bestreuen.
⑧ Das Brot in den vorgeheizten Backofen schieben und auf mittlerer Schiene backen.

Weintipp:
Dazu empfiehlt sich die Silvaner Spätlese vom Weingut G. Born, aus dem nördlichsten Weingebiet Deutschlands, Saale-Unstrut.

Dieses Brot beinhaltet kein anderes Korn/Mehl außer Dinkel. Immer mehr Menschen haben eine Allergie gegen Weizen. Deshalb sind Dinkelbackwaren mehr und mehr gefragt. Dinkel ist eben noch naturbelassener als die anderen Weizensorten.

Dazu passt:

Grünkernaufstrich

Grünkernaufstrich:
75 g Grünkernschrot
150 ml Wasser
1 Zwiebel
1 Knoblauchzehe
5 EL Olivenöl
1 gestr. TL Majoran
1 gestr. TL Liebstöckel
3 EL Petersilie
etwas Salz u. Pfeffer
   a.d. Mühle

Zubereitung:
① Den Grünkernschrot mit dem Wasser aufkochen und bei schwacher Hitze etwa 15–20 Min. quellen lassen.
② Die geschälte und in kleine Würfel geschnittene Zwiebel und Knoblauchzehe in 2 EL Olivenöl in einer Pfanne andünsten.
③ Den Grünkernschrot mit den Zwiebel- und Knoblauchwürfeln pürieren, weitere 3 EL Olivenöl zugeben und alles miteinander verrühren.
④ Die fein gehackten Kräuter zugeben und mit Salz und Pfeffer abschmecken.

Walnuss-Brotring

Zutaten:
(für 1 Brotring)
a) Vorteig:
150 g Weizenvollkornmehl
2 g fr. Hefe
120 ml handw. Wasser

b) Brotteig:
400 g Weizenmehl (Type 1050)
¼ W. fr. Hefe (10 g)
300 ml handw. Wasser
2 TL Salz
1 EL Sesam
1 EL Leinsamen
2 EL Sonnenblumenkerne
80 g Walnüsse

*weitere Zutaten
siehe nächste Seite*

Zubereitung:
a) Vorteig:
① Das Weizenvollkornmehl mit der Hefe und dem Wasser von Hand in einer Schüssel verkneten.
② Den Vorteig abdecken und 8–10 Std. reifen lassen.

b) Brotteig:
① Das Mehl abwiegen, sieben und mit dem Vorteig in eine Schüssel geben.
② Hefe im Wasser auflösen und mit dem Salz in die Schüssel mit Mehl geben, zu einem glatten Teig kneten.
③ Sesam, Leinsamen, Sonnenblumenkerne und Walnüsse kurz unter den Teig kneten.
④ Den Teig abdecken und 30 Min. ruhen lassen.
⑤ Den Backofen vorheizen und ein Backblech mit Backpapier auslegen oder fetten.

weitere Zutaten:

c) *Bestreuen:*
Mischung aus Sesam, Leinsamen, Sonnenblumenkernen u. einigen geh. Walnüssen

Teiggewicht: ca. 1150 g
100 g enthalten: ca. 1156,2 kJ bzw. 276,2 kcal oder 3,1 BE

Hitze:
Elektro: 200° C
Umluft: 180° C
Gas: Stufe 3
Backzeit: 40–45 Min.

Nuss-Meerrettich-Ricotta-Aufstrich:
100 g Quark (20 % Fettgehalt)
100 g Ricotta
50 ml Sahne
1 TL Meerrettich a. d. Gl.
je 50 g Haselnüsse, Walnüsse u. Erdnüsse
etwas Salz u. Pfeffer
evtl. 50 ml geschlagene Sahne

⑥ Den Walnussbrotteig in 2 Stücke teilen und zu etwa 50 cm langen Strängen rollen. Beide Stränge miteinander verdrehen und zu einem Ring legen. Die beiden Enden gut zusammendrücken, auf das Backblech legen und abgedeckt 50–60 Min. aufgehen lassen.

⑦ Den Brotring mit Backnatron nach Methode 2 oder 3 belaugen (siehe S. 31) mit der Körner-Nussmischung bestreuen und auf mittlerer Schiene backen.

Dazu passt:

Nuss-Meerrettich-Ricotta-Aufstrich

Zubereitung:
① Quark, Ricotta, Sahne und Meerrettich in einer Schüssel vermischen.
② Nüsse grob zerkleinern und dazugeben.
③ Mit Salz und Pfeffer abschmecken und nach Belieben mit geschlagener Sahne verfeinern.

Zu dem feinen, nussigen Laugengeschmack ist unsere besondere Weinempfehlung ein Spätburgunder Rotwein trocken, vom Weingut Andreas Laible, Durbach (Baden). Ein von der Sonne verwöhnter, an den steilen, felsigen granitverwitterten Südhängen des „Plaurains" herangereifter Genuss.

Weintipp:

Amarant-Pflasterstein
für eine gesunde Ernährung

Zubereitung:

a) Einweichen:
① Den geschroteten Amarant, die Sonnenblumenkerne und die Dinkelflocken mit dem Salz in eine Schüssel geben und mit dem Wasser übergießen.
② Alles miteinander verrühren, abdecken und bis zur Teigherstellung am nächsten Tag (mind. aber 4 Std.) quellen lassen.

b) Vorteig:
① Das Dinkelvollkornmehl mit der Hefe und dem Wasser von Hand verkneten, in eine Schüssel geben, abdecken und über Nacht, mind. aber 8 Std. ruhen lassen.

c) Brotteig:
① Das Weizenmehl mit dem Dinkelmehl zusammen in eine Schüssel sieben. Die restlichen Zutaten, die eingeweichten Körner und den Vorteig hinzufügen.
② Alles zusammen zu einem Teig kneten. Falls der Teig zu weich ist, etwas Mehl zugeben. Den Teig abdecken und 1 Std. ruhen lassen.
③ Den Backofen vorheizen. Ein Blech mit Backpapier auslegen oder fetten.
④ Den Teig zu einem Rechteck (pflastersteinförmig) zusammenlegen und auf das Backblech legen. Abdecken und 30 Min. gehen lassen.
⑤ Den Amarant-Pflasterstein mit Backnatron nach Methode 2 oder 3 belaugen (siehe S. 31). Dann ringsherum den Brotlaib mit einem scharfen Messer einschneiden und auf mittlerer Schiene backen.

Amarant galt als Grundnahrungsmittel im Reich der Inkas, Azteken und Mayas. Auch als Naturheilmittel mit besonderer Kraftquelle galt Amarant als hilfreich. Charakteristisch für den Amarant sind sein besonders hoher Eiweißgehalt und seine gute Bekömmlichkeit für jung und alt.

Zutaten:
(für 1 Brot)

a) Einweichen:
150 g geschr. Amarant
3 EL Sonnenblumenkerne
50 g Dinkelvollkornflocken
2 TL Salz
200 ml Wasser

b) Vorteig:
150 g Dinkelvollkornmehl
2 g fr. Hefe
100 ml Wasser

c) Brotteig:
200 g Weizenmehl (Type 1050)
150 g Dinkelmehl (Type 630)
1/4 W. fr. Hefe (10 g)
150 ml handw. Wasser

Teiggewicht: ca. 1220 g
100 g enthalten: ca. 1089,3 kJ bzw. 260,2 kcal oder 3,7 BE

Hitze:
Elektro: 200° C
Umluft: 180° C
Gas: Stufe 3
Backzeit: 55–60 Min.

Weintipp: *Kosten Sie dazu die Riesling Spätlese vom Rüdesheimer Magdalenenkreutz aus dem Weingut Josef Leitz, Rheingau.*

Zutaten:
(für 1 Kastenbrot)

a) Vorteig:
200 g Weizenmehl (Type 1050)
2 g fr. Hefe
150 ml handw. Wasser

b) Brotteig:
400 g Weizenmehl (Type 550)
2 geh. TL Salz
¼ W. fr. Hefe (10 g)
250–275 ml handw. Wasser

Teiggewicht: ca. 1020 g
100 g enthalten: ca. 968,2 kJ bzw. 231,3 kcal oder 4 BE

Hitze:	
Elektro:	200° C
Umluft:	180° C
Gas:	Stufe 3
Backzeit:	55–60 Min.

Laugen-Halbweißbrot

Zubereitung:

a) Vorteig:
① Das Weizenmehl mit der Hefe und dem Wasser in einer Schüssel von Hand verkneten, abdecken und über Nacht (8–12 Std.) reifen lassen.

b) Brotteig:
① Das Weizenmehl abwiegen, sieben und mit dem Vorteig in eine Schüssel geben.
② Das Salz sowie das lauwarme Wasser mit der darin aufgelösten Hefe zugeben und alles zusammen zu einem glatten Teig kneten. Der Teig sollte sich gut von der Schüssel lösen. Den Teig abdecken, dann etwa 45 Min. ruhen lassen.
③ Den Backofen vorheizen und eine Brotbackform fetten oder mit Backpapier auslegen.

⑤ Den Brotteig lang formen, in die Kastenbackform geben und ca. 1 Std. aufgehen lassen, bis der Teig schön hochgekommen ist.
⑥ Die Oberfläche des Teiges mit Backnatron nach Methode 2 belaugen (siehe S. 31) (oder bestäuben) und mit einem Messer oder Schere der Länge nach tief einschneiden.
⑦ Die Brotbackform mit dem Brot auf ein Backofengitter stellen und auf unterer Schiene backen.
⑧ Nach dem Backen das Brot gleich aus der Backform nehmen und auf einem Gitter auskühlen lassen.

Variante

Schweizer Käseauflauf

Zubereitung:
① Backofen vorheizen. Eine feuerfeste Backform mit der Butter einfetten.
② Das Laugen-Halbweißbrot, den Käse und die Tomaten in dünne Scheiben schneiden.
③ Die Brotscheiben abwechselnd mit den Käse- und Tomatenscheiben dachziegelartig in die gefettete Auflaufform einlegen.
④ Eier, Gewürze und Crème fraîche mit dem Schneebesen glatt rühren, dann die Milch zugeben und miteinander verrühren.
⑤ Nun werden die Brot-, Käse- und Tomatenscheiben gleichmäßig mit der Eiermilch übergossen.
⑥ Die Auflaufform auf einem Backofengitter auf mittlerer Schiene knusprig backen.

Geben Sie dem Schweizer Käseauflauf noch das besondere „outfit". Streuen Sie einfach fein geschnittenen Schnittlauch darüber. Mmmh. Jetzt kann man sich's ja nur noch schmecken lassen. Guten Appetit!

Schweizer Käseauflauf:
(für 4–5 Personen)
50 g Butter
400 g Laugen-Halbweißbrot
300 g Emmentaler Käse
300 g fr. Tomaten
4 fr. Eier
1 TL Salz
1 Msp. gem. Pfeffer
1 Msp. gem. Muskatnuss
200 g Crème fraîche
300 ml Milch

Hitze:	
Elektro:	210° C
Umluft:	190° C
Gas:	Stufe 3–4
Backzeit:	30–35 Min.

Weintipp:
Ein absoluter Gaumenkitzel: der schweizer Käseauflauf und dazu ein in Schieferterrassen aufgewachsener goldgelber Riesling vom Weingut Heymann-Löwenstein aus Winningen, Mosel.

siehe auch Buttermilch S. 14

Buttermilch-Haferbrot

Zutaten:
(für 1 Brot)

a) Einweichen:
50 g Weizenkleie
50 g Haferflocken
2 TL Salz
150 ml handw. Wasser

b) Vorteig:
150 g Weizenvollkornmehl
2 g fr. Hefe
100 ml handw. Wasser

c) Brotteig:
400 g Weizenmehl (Type 550)
1/4 W. fr. Hefe (10 g)
250 ml Buttermilch

Teiggewicht: ca. 1180 g
100 g enthalten: ca. 905,1 kJ bzw. 216,2 kcal oder 3,5 BE

Hitze:
Elektro: 200° C
Umluft: 180° C
Gas: Stufe 3
Backzeit: 50–60 Min.

Zubereitung:

a) Einweichen:
① Weizenkleie, Haferflocken, Salz und Wasser in eine Schüssel wiegen und vermengen.
② Zudecken und bis zur Brotteigherstellung am nächsten Tag quellen lassen.

b) Vorteig:
① Das Weizenvollkornmehl mit der Hefe und dem Wasser von Hand verkneten, in eine Schüssel geben und zugedeckt etwa 12 Std. reifen lassen.

c) Brotteig:
① Das Weizenmehl, Hefe und die Buttermilch abwiegen und in eine Schüssel geben. Den Vorteig sowie die eingeweichten Flocken zugeben und alles zusammen gut miteinander verkneten.
② Den Teig mit einem Tuch abdecken und 1 Std. ruhen lassen.
③ Ein Blech mit Backpapier auslegen oder fetten. Nun wird der ganze Teig nochmals zusammengeschlagen und daraus ein länglicher Brotlaib geformt. Das Brot auf das Backblech legen, abdecken und aufgehen lassen.
④ Den Backofen vorheizen.
⑤ Den Brotlaib mit Backnatron nach Methode 2 oder 3 belaugen (siehe S. 31). Mit einer Schere ein Fischgrätmuster einschneiden und auf mittlerer Schiene backen.

Reichen Sie zum frischen Brot eine erfrischende Buttermilch. Das bei der Buttergewinnung anfallende Produkt zeichnet sich durch seinen leicht säuerlichen Geschmack aus. Der Fettgehalt darf höchstens 1 % betragen und ist deshalb viel niedriger als die meisten Menschen vermuten.

Weintipp: Das Buttermilch-Haferbrot ist eine hervorragende Grundlage für einen zünftigen Imbiss mit Bratwurst oder Geräuchertem. Dazu empfehlen wir einen schönen, trockenen Sulzfelder Lemberger aus Baden, vom Weingut Thomas Hagenbucher.

Kaffeetipp: Der milde, magenfreundliche „Café Crème" von Willy Hagen, geeignet für eine Maschine, die mit Druck arbeitet, passt sehr gut dazu.

Laugenfladenbrot
mit schwarzem Kümmel und Sesam

Zubereitung:
① Das Mehl in eine Schüssel sieben und in die Mitte eine Mulde eindrücken.
② Die Hefe in etwas Wasser auflösen, in die Mulde schütten und mit etwas Mehl verrühren. Das Salz und den Zucker auf dem Mehlrand verteilen, abdecken und etwa 30 Min. ruhen lassen.
③ Dann das restliche Wasser sowie das Olivenöl zugeben und alles zusammen zu einem glatten Teig kneten, bis dass er sich vom Schüsselrand löst und Blasen wirft.
④ Den Teig in 2 gleich große Stücke teilen, etwas rundformen und auf einem bemehlten Tisch abgedeckt 30 Min. ruhen lassen.
⑤ Den Backofen vorheizen. Ein Blech mit Backpapier auslegen oder fetten.
⑥ Die Teigstücke auf das Backblech legen und mit der flachen Hand auf Backblechgröße platt drücken. Dann nochmals etwa 30 Min. aufgehen lassen.

bitte umblättern!

Zutaten:
(für 2 Fladenbrote)
550 g Weizenmehl (Type 550)
1/2 W. fr. Hefe (20 g)
320–350 ml handw. Wasser
1 1/2 TL Salz
1 1/2 TL Zucker
3 EL Olivenöl
je 1 TL schwarzer Kümmel u. Sesam zum Bestreuen

Teiggewicht: ca. 960 g
100 g enthält: ca. 1110,6 kJ bzw. 265,3 kcal oder 4,2 BE

Hitze:
Elektro: 220° C
Umluft: 200° C
Gas: Stufe 4
Backzeit: 25–30 Min.

⑦ Die Fladenbrote mit Backnatron nach Methode 2 oder 3 belaugen (siehe S. 31). Mit den Fingerspitzen einige Vertiefungen eindrücken, dann mit Sesam und Kümmel bestreuen und auf mittlerer Schiene backen.

Dem fertigen Teig einfach 100 g entsteinte, geschnittene Oliven sowie etwas Oregano zugeben, fertig ist das Olivenfladenbrot. Auf einfache Art erhält man so ein ganz anderes, aber hervorragendes Broterlebnis.

Dazu passt:

Eieraufstrich

Eieraufstrich:
4 fr. Eier
1 Schalotte
2 EL Schmand
1 kl. Tomate
1 Essiggurke
1/2 Bd. Petersilie
1 TL Senf
etwas Salz u. Pfeffer a. d. Mühle

Zubereitung:
① Die Eier in einem Topf mit Wasser ca. 10 Min. hart kochen und sofort kalt abschrecken.
② Die Eier schälen und klein würfeln. Die Schalotte ebenfalls schälen und in feine Würfel schneiden. Den Schmand unterrühren.
③ Die Tomate kurz in heißes Wasser tauchen, die Schale abziehen, vom Stielansatz befreien und würfeln.
④ Die Essiggurke klein würfeln, die Petersilie waschen und klein hacken. Alles zusammen mit dem Senf verrühren und mit Salz und Pfeffer abschmecken.

Dazu empfehlen wir Ihnen den Riesling, vom Weingut Fritz Haag, aus der brauneberger Spitzenlage „Juffer Sonnenuhr" an der Mosel als Spätlese trocken.

Weintipp:

Malzkaffee-Brotschnecke

Zutaten:
(für 1 Brotschnecke)

a) Vorteig:
250 g Weizenmehl (Type 1050)
20 g Malzkaffee-Pulver (instant)
3/4 W. fr. Hefe (30 g)
200 ml Wasser

weitere Zutaten
siehe nächste Seite

Zubereitung:
a) Vorteig:
① Das Mehl und das Instant-Malz-Kaffeepulver in einer Schüssel vermischen. Dann die Hefe und das Wasser zugeben und von Hand miteinander verkneten.
② Den Vorteig abdecken und 2–3 Std. reifen lassen.

b) Brotteig:
① Das gesamte Mehl in eine Schüssel sieben. Dann Salz, Butter, Wasser und den Vorteig zufügen und alles zu-

sammen zu einem glatten Teig kneten, bis er Blasen wirft. Den Teig abdecken und 30 Min. ruhen lassen.
② Den Teig zu einem länglichen Strang rollen. Einige Min. ruhen lassen, dann auf eine Läge von 40–50 cm ausrollen und zu einer Schnecke aufrollen. Das Ende des Teigstranges unter die Brotschnecke legen und etwas festdrücken.
③ Backofen vorheizen. Ein Backblech mit Backpapier auslegen oder fetten.
④ Die Brotschnecke auf das Backblech legen, abdecken und etwa 30 Min. aufgehen lassen.
⑤ Das Brot mit Backnatron nach Methode 2 oder 3 belaugen (siehe S. 31), mit Sesam bestreuen und auf mittlerer Schiene backen.

weitere Zutaten:

b) Brotteig:
300 g Weizenmehl (Type 550)
200 g Weizenmehl (Type 1050)
2 TL Salz
20 g Butter
250 ml handw. Wasser
Sesam zum Bestreuen

Teiggewicht: ca. 1285 g
100 g enthalten: ca. 1042,9 kJ bzw.
249,1 kcal oder 4 BE

Hitze:	
Elektro:	210° C
Umluft:	190° C
Gas:	Stufe 3–4
Backzeit:	50–55 Min.

Kaffeetipp: *Sehr interessant ist immer eine Tasse mit frödo Kuba Lavado.*

Maiskolbenbrot

Zutaten:
(für 2 Brote)

a) Vorteig:
75 g Maismehl
50 g Weizenmehl (Type 550)
2 g fr. Hefe
100 ml Wasser

b) Brotteig:
300 g Weizenmehl (Type 550)
1 Msp. Kurkuma
1/4 W. fr. Hefe (10 g)
150 ml handw. Wasser
1 1/2 TL Salz
150 g Mais (a. d. D.)
etwas Maismehl zum Bestreuen

Teiggewicht: ca. 840 g
100 g enthalten: ca. 1091,6 kJ bzw. 260,7 oder 4,5 BE

Hitze:
Elektro: 200° C
Umluft: 180° C
Gas: Stufe 3–4
Backzeit: 35–40 Min.

Zubereitung:

a) Vorteig:
① Maismehl mit Weizenmehl, Hefe und dem Wasser von Hand miteinander verkneten und in einer Schüssel abgedeckt über Nacht (mind. 8 Std.) reifen lassen.

b) Brotteig:
① Das Mehl mit dem Kurkuma Gewürz in eine Schüssel sieben und den Vorteig zugeben.
② Die Hefe im Wasser auflösen und zum Mehl geben. Zusammen mit dem Salz zu einem glatten Teig kneten.
③ Den Mais von Hand unter den Teig kneten. Dadurch bleiben die Maiskörner als ganzes vorhanden. Den Teig abdecken und 30 Min. gehen lassen.
④ Backofen vorheizen und ein Backblech mit Backpapier auslegen oder fetten.
⑤ Anschließend den Teig in 2 Stücke teilen, dann zu Maiskolben formen. Beide Teig-Maiskolben nebeneinander auf das Backblech legen, abdecken und nochmals ca. 30 Min. aufgehen lassen.
⑥ Die Brote mit Backnatron nach Methode 2 oder 3 belaugen (siehe S. 31). Nach Wunsch mit Maismehl bestreuen, dann mit einer Schere Spitzen in den Rand einschneiden, um eine maiskolbenartige Form zu erhalten.
⑦ Die Maiskolbenbrote auf mittlerer Schiene backen.

Dazu passt:

Maispfanne

Zubereitung:

① Die Zwiebel und die Knoblauchzehe häuten und in kleine Würfel schneiden. Die Paprikaschote waschen, von Rippen und Kernen befreien und ebenfalls in kleine Würfel schneiden.

② Die Butter in einer Pfanne zerlassen und die Zwiebel-, Paprika- und Knoblauchwürfel bei schwacher Hitze dämpfen.

③ Den Mais mit der Milch, dem Ei und Mehl in einem Mixer pürieren. Das Maispüree ebenfalls in die Pfanne geben, mit dem Salz und den restlichen Gewürzen abschmecken und unter ständigem Rühren etwas anbraten.

④ Den geriebenen Hartkäse in die Pfanne geben und umrühren. Die Pfanne vom Herd nehmen und das Maisgericht als Beilage zum Maisbrot heiß servieren.

Weintipp: *Zu diesem Gericht empfehlen wir Ihnen, einmal einen trockenen, besonderen sächsischen Landwein vom Weingut Klaus Zimmerling aus Dresden-Pillnitz zu kosten.*

Maispfanne:
(für etwa 4–5 Personen)
1 gr. Zwiebel
1 Knoblauchzehe
1 grüne Paprikaschote
1 geh. EL Butter od. Margarine
600 g Mais (fr. od. a. d. D.)
200 ml Milch
1 fr. Ei
1 EL Mehl
1 gestr. TL Salz
1 TL Paprikapulver
$1/2$ TL Currypulver
1 Msp. Pfeffer
150 g ger. Hartkäse

Sonnenblumenbaguette

Zutaten:
(für 3 Baguettes)
a) Vorteig:
200 g Weizenmehl (Type 550)
150 g Sonnenblumenkerne
2 g fr. Hefe
200 ml handw. Wasser

b) Brotteig:
500 g Weizenmehl (Type 550)
¼ W. fr. Hefe (10 g)
280 ml Wasser
2 TL Salz
Sonnenblumenkerne zum Bestreuen

Teiggewicht: ca. 1360 g
100 g enthalten: ca. 1216,2 kJ bzw. 290,5 kcal oder 3,9 BE

Hitze:
Elektro: 210° C
Umluft: 190° C
Gas: Stufe 3–4
Backzeit: 30–35 Min.

Zubereitung:

a) Vorteig:
① Das Weizenmehl, die Sonnenblumenkerne und die Hefe in eine Schüssel wiegen. Das Wasser zugeben und von Hand miteinander verkneten.
② Den Vorteig abdecken und über Nacht (mind. 6–8 Std.) bis zur Teigbereitung reifen lassen.

b) Brotteig:
① Das Weizenmehl in eine Schüssel sieben. Die Hefe im Wasser auflösen, zum Mehl geben und leicht verkneten.
② Dann den Vorteig und das Salz zufügen und alles zusammen zu einem glatten Teig kneten, bis sich der Teig von der Schüssel löst und Blasen wirft. Abdecken und 30 Min. ruhen lassen.
③ Backofen vorheizen und ein Backblech mit Backpapier auslegen oder fetten.
⑤ Den Baguetteteig in 3 gleich große Stücke teilen und zu backblechlangen Strängen formen. Dann auf das Backblech legen (evtl. Baguettebackblech) und nochmals schön aufgehen lassen.
⑥ Die Baguette mit Backnatron nach Methode 2 oder 3 belaugen (siehe S. 31). Dann mit einem Messer 3- bis 4-mal schräg einschneiden. Die Sonnenblumenbaguette auf mittlerer Schiene backen.
⑦ Nach dem Backen die Sonnenblumenbaguette sofort auf ein Gitter legen und erkalten lassen.

Bestreuen Sie das Baguette mit Sonnenblumenkernen und schon während des Backens wird Ihnen das Wasser im Munde zusammenlaufen. Für einfache Laugenbaguette lassen Sie einfach die Sonnenblumenkerne im Teig weg und verwenden Sie etwas weniger Wasser.

Dazu passt:

Überbackene Schinken-Spargelröllchen

Zubereitung:
1. Auf jede Schinkenscheibe 1–1 1/2 Spargelstangen legen und aufrollen.
2. Die Schinkenröllchen nebeneinander in eine mit Butter gefettete, feuerfeste Auflaufform legen.
3. Senf und einen kleinen Teil der süßen Sahne in eine kleine Schüssel geben und mit dem Schneebesen verrühren.
4. Die restliche Sahne, den fein geschnittenen Schnittlauch und den Pfeffer zufügen, miteinander verrühren und über die Schinken-Spargelröllchen gießen.
5. Die feuerfeste Form mit den Schinken-Spargelröllchen auf ein Backgitter stellen und auf mittlerer Schiene backen.

Überbackene Schinken-Spargelröllchen
(für 3–4 Personen)
8 Scheiben gek. Schinken (ca. 400 g)
1 Gl. Spargelstangen (ca. 200 g)
1 EL Butter
1 1/2 EL Senf
2 B. süße Sahne (400 ml)
1/2 Bd. Schnittlauch
etwas Pfeffer

Hitze:
Elektro: 210° C
Umluft: 190° C
Gas: Stufe 3–4
Backzeit: 25–30 Min.

Weintipp: Der Chardonnay, Spätlese trocken, aus dem Keuper vom Weingut Dr. Wehrheim, Birkweiler, mit seinem edlen Aroma ist zum Sonnenblumenbaguette und Spargel eine gelungene Symbiose.

Frühstückszopf

Zutaten:
(für 1 Zopf)
600 g Weizenmehl (Type 550)
½ W. fr. Hefe (20 g)
350 ml handw. Milch
50 g Butter
1 ½ TL Salz
1 EL Zucker
1 fr. Ei

Teiggewicht: ca. 1100 g
100 g enthalten: ca. 1227,4 kJ bzw. 293,2 kcal oder 4,0 BE

Hitze:	
Elektro:	210° C
Umluft:	190° C
Gas:	Stufe 3–4
Backzeit:	35–40 Min.

Zubereitung:

① Das Mehl in eine Schüssel sieben und in die Mitte eine Mulde eindrücken.

② Hefe in etwas lauwarmer Milch auflösen, in die Mulde schütten und mit etwas Mehl verrühren. Die in Stücke geschnittene Butter, Salz und Zucker auf dem Mehlrand verteilen. Abdecken und etwa 15 Min. ruhen lassen.

③ Die restliche lauwarme Milch sowie das Ei zugeben und alles zusammen zu einem glatten Teig verkneten, bis er sich von der Schüssel löst und Blasen wirft. Den Teig abdecken und 30 Min. ruhen lassen.

④ Den Teig in 2 gleich große Stücke teilen, etwas lang Formen und abgedeckt einige Min. ruhen lassen. Jetzt werden die beiden Teigstränge gleichmäßig auf eine Länge von 50–60 cm gerollt und wie in der Backschule beschrieben (siehe S. 25), zu einem Zopf geflochten. Der Zopf muss nun ca. 30 Min. aufgehen.

⑤ Den Backofen vorheizen. Ein Blech mit Backpapier auslegen oder fetten.
⑥ Den Zopf auf das Backblech legen und mit Backnatron nach Methode 2 oder 3 belaugen (siehe S. 31). Nach Wunsch mit Sesam, Mohn oder anderen Samen bestreuen und auf mittlerer Schiene goldbraun backen.

Wenn die Zeit doch einmal knapp sein sollte, gibt es die Möglichkeit, den Zopf nur wenige Min. aufgehen zu lassen. Den geflochtenen und belaugten Zopf auf ein Backblech legen und in den kalten Backofen schieben. Erst jetzt den Backofen einschalten. Durch den langsamen Temperaturanstieg bäckt der Zopf nicht sofort, sondern kann bei schwacher Hitze noch etwas aufgehen.

Dazu passt:

Schokoaufstrich

Zubereitung:
① Den Kakao und die Butter vermengen.
② Das Innere der Vanilleschote und die Sahne dazugeben und alles verrühren.
③ Die Haselnüsse, den Zucker und die Gewürze dazugeben und gut durchmixen.
④ Vor dem Servieren kurz kalt stellen.

Schokoaufstrich:
70 g Kakao
70 g Butter
1 Vanilleschote
100 ml Sahne
100 g fein gem., geschälte Haselnüsse
50–80 g Rohzucker (braun)
1 Pr. Zimt
1 kl. Pr. Salz

Weintipp: *Am späteren Sonntagmorgen passt auch schon einmal ein Wein auf die Tafel. Dafür empfiehlt sich sehr gut ein Roter aus dem Remstal vom Weingut Jürgen Ellwanger, die Muskat-Trollinger Auslese vom Winterbacher Hungerberg.*

Kleine Zöpfe mit Käse-Kornkruste

Zutaten:
(für 10–12 kleine Zöpfe)

a) Zopfteig:
700 g Weizenmehl (Type 405)
3/4 W. fr. Hefe (30 g)
350 ml handw. Wasser
20 g Margarine
2 TL Salz
1 TL Zucker
1 EL Mohn
1 EL Sesam
1 fr. Ei

b) Bestreuen:
100 g ger. Emmentaler Käse
1 kl. Zwiebel
1/2 EL grobes, gekörntes Salz
2 EL Mohn
2 EL Sesam
2 EL Leinsamen
2 EL Sonnenblumenkerne

Teiggewicht: ca. 1200 g
100 g enthalten: ca. 1343,2 kJ bzw. 320,8 kcal oder 3,4 BE

Hitze:
Elektro: 210° C
Umluft: 190° C
Gas: Stufe 3–4
Backzeit: 22–25 Min.

Zubereitung:

a) Zopfteig:

① Mehl in eine Schüssel sieben und in die Mitte eine Mulde drücken.

② Hefe in einem Teil Wasser auflösen, in die Mulde schütten und mit etwas Mehl verrühren. Margarine, Salz, Zucker, Mohn und Sesam auf dem Mehlrand verteilen, abdecken und etwa 15 Min. ruhen lassen.

③ Das restliche Wasser sowie das Ei zugeben und alles zusammen zu einem glatten Teig verkneten, abdecken und 20–30 Min. ruhen lassen.

④ Backofen vorheizen und ein Backblech mit Backpapier auslegen oder fetten.

⑤ Den Teig aus der Schüssel nehmen, in 10–12 Stücke teilen und zu Strängen von 30 cm Länge ausrollen. Die Teigstränge zu Zöpfen, wie in der Backschule auf Seite 25 beschrieben, flechten. Die Zöpfe auf das Backblech legen und abgedeckt etwas aufgehen lassen.

⑥ Die Zöpfe mit Backnatron nach Methode 1, 2 oder 3 belaugen (siehe S. 31).

b) Käsemischung zum Bestreuen:

① Den geriebenen Käse, die fein gehackte Zwiebel und das gekörnte Salz mit Mohn, Sesam, Leinsamen und Sonnenblumenkernen mischen und über den aufgegangenen Zöpfen gleichmäßig verteilen.

② Die kleinen Käse-Zöpfe auf mittlerer Schiene knusprig backen.

Weintipp: Hierzu empfehlen wir Ihnen einen Wein, nicht nur aus einem speziellen Weinbaugebiet, sondern auch von einer speziellen Rebsorte, den Herzog von Auerstedt „Regent" trocken vom Thüringer Weingut Bad Sulza, Andreas Clauss.

Kaffeetipp: Ebenso interessant zu diesem Gebäck ist ein frödo Guatemala Antigua.

Wirbelrad

Zubereitung:

a) Vorteig:
① Für den Vorteig die Hefe in Wasser auflösen.
② Das Mehl, die Hefe und Melasse in eine Schüssel geben und verrühren.
③ Abgedeckt ca. 2–3 Std. ruhen lassen.

b) Brotteig:
① Die Hefe in Wasser auflösen, die restlichen Zutaten dazugeben und alles zu einem glatten Teig kneten. Den Teig schlagen, bis der Teig Blasen wirft. Nochmals abdecken und 40–50 Min. ruhen lassen.
② Backofen vorheizen und ein Blech mit Backpapier auslegen oder fetten, Teig in 10 Stücke teilen und abdecken.

bitte umblättern!

Zutaten:
(für 1 Wirbelrad)
a) Vorteig:
$1/4$ W. fr. Hefe (10 g)
80 ml Wasser
50 g Dinkelmehl
50 g Weizenmehl (Type 1050)
1 TL Melasse

b) Brotteig:
$1/4$ W. fr. Hefe (10 g)
250 g Dinkelmehl (Type 630)
250 g Weizenmehl (Type 1050)
1 $1/2$ TL Salz

*weitere Zutaten
siehe nächste Seite*

weitere Zutaten:

1 EL Haselnussöl
300 ml Wasser
einige versch. geh. Nüsse,
 etwas Mohn u. etwas ge-
 schälter Sesam zum
 Bestreuen

Teiggewicht: 1020 g
100 g enthalten: ca. 1049,9 kJ bzw.
 250,8 kcal oder 4,0 BE

Hitze:
Elektro: 200° C
Umluft: 180° C
Gas: Stufe 3
Backzeit: 35–40 Min.

③ Die Teigstücke wie auf S. 22 beschrieben ausrollen, dann formen und direkt aneinander auf das Backblech legen. Noch einmal abdecken und weitere 30 Min. ruhen lassen.

④ Das Wirbelrad mit Backnatron nach Methode 2 oder 3 (siehe S. 31) belaugen. Gleich mit Nüssen, Mohn oder Sesam bestreuen.

⑤ Auf der mittleren Schiebeleiste 35–40 Min. backen. Dann vom Backblech nehmen und auf einem Kuchengitter abkühlen lassen.

Aus der Südpfalz empfehlen wir Ihnen zum Wirbelrad den wunderbaren Weißburgunder trocken, Spätlese, vom Weingut Münzberg in Landau.

Weintipp:

Knopfbrötchen mit Oliven

Zubereitung:
① Mehl in eine Schüssel sieben und in die Mitte eine Mulde eindrücken. Hefe in einem Teil Wasser auflösen, in die Mulde schütten und mit etwas Mehl verrühren.
② Das Olivenöl sowie das Salz auf den Mehlrand geben, abdecken und 30 Min. ruhen lassen.
③ Restliches Wasser zufügen und zu einem glatten Teig kneten. Anschließend entsteinte und in Rädchen geschnittene Oliven sowie Oregano zufügen und kurz unter den Teig kneten, abgedeckt 30 Min ruhen lassen.
④ Backofen vorheizen und ein Backblech mit Backpapier auslegen oder fetten.
⑤ Den Teig in 8–10 gleich große Stücke teilen und zu etwa 20 cm langen Strängen rollen. Aus den Strängen einen Knopf flechten und die Enden gut zusammen drücken. Die Knopfbrötchen auf das Backblech legen, abdecken und etwas aufgehen lassen.
⑥ Die Brötchen mit Backnatron nach Methode 1, 2 oder 3 belaugen (siehe S. 31). Mit etwas Oregano bestreuen und auf mittlerer Schiene backen.

Zutaten:
(für 8–10 Stück)
450 g Weizenmehl (Type 1050)
100 g Roggenmehl (Type 1150)
1/2 W. fr. Hefe (20 g)
320 ml handw. Wasser
4 EL Olivenöl
2 TL Salz
100 g entst. Oliven
etwas Oregano
etwas Oregano zum Bestreuen

Teiggewicht: ca. 1020 g
100 g enthalten: ca. 1132,6 kJ bzw. 270,5 kcal oder 3,7 BE

Hitze:
Elektro: 210° C
Umluft: 190° C
Gas: Stufe 3–4
Backzeit: 18–20 Min.

Dazu passt:

TIPP! Knöpfe können auch aus 1 Strang Zöpfe geflochten werden. Aus den Teigstücken Zöpfe, wie in der Backschule auf Seite 26 beschrieben, flechten und die Enden zusammen drücken. Dann auf ein Backblech setzen und etwas aufgehen lasen.

Thunfisch-Salat

Zubereitung:
① Eier schälen und klein hacken.
② Den Thunfisch in kleine Stücke auseinander ziehen, mit den Eiern mischen und mit dem Schmand verrühren.
③ Die Schalotte schälen und klein schneiden. Die Kapern klein hacken, mit der Schalotte ebenfalls zum Thunfisch geben und unterrühren.
④ Mit Salz und Pfeffer würzen. Den Schnittlauch waschen, in feine Röllchen schneiden und über den Aufstrich streuen.

Thunfisch-Salat:
3 hart gek. fr. Eier
200 g Thunfisch (a. d. D.)
2 EL Schmand
1 Schalotte
1 EL Kapern
1 Msp. Senf
etwas Salz u. Pfeffer
1/2 Bd. Schnittlauch

Weintipp: Dazu empfehlen wir aus dem Weingut Josef Leitz in Rüdesheim den hervorragend passenden Rüdesheimer Berg Roseneck Riesling, Rheingau.

Verzierung:
Käferunterteile aus schwarzem
Tonpapier ausschneiden
(Schablone auf S. 157) · stabiler
Bindfaden für die Mäuseschwänze

Igel, Maus und bunt belegte Käfer

Zubereitung:

a) Vorteig:
① Für den Vorteig die Hefe in der Milch auflösen. Das Mehl in eine Schüssel sieben und mit der aufgelösten Hefe verrühren. Abgedeckt ca. 2–3 Std. ruhen lassen.

b) Brötchenteig:
① Die restlichen Zutaten zum Vorteig geben und alles zu einem glatten Teig kneten. Den Teig schlagen, bis er Blasen wirft. Nochmals abgedeckt 40–50 Min. ruhen lassen.
② Den Teig in 8–10 Stücke teilen, zu Kugeln formen und abdecken.
③ **Für die Igel:** die Teigstücke spitz zulaufend rollen.
③ **Für die Mäuse:** die Teigstücke halbieren, nochmals zu Kugeln formen und ebenfalls spitz zulaufend rollen und die Schwanzfäden vorbereiten.
③ **Für die Käfer:** Die Teigstücke oval rollen und die Unterteile anhand der Schablone, vorbereiten.
④ Die geformten Teigstücke noch einmal abdecken und weitere 20–30 Min. aufgehen lassen.
⑤ Den Backofen vorheizen. Ein Blech mit Backpapier auslegen oder fetten.
⑥ Die Teigfiguren mit Backnatron nach Methode 2 belaugen (siehe S. 31), auf das Backblech legen und mit einem scharfen Messer, bzw. einer Schere, einschneiden. Die **Käfer** direkt mit dem Unterteil auf das Blech legen und mit etwas grobem Salz bestreuen.
⑦ Auf der mittleren Schiebeleiste backen, vom Backblech nehmen und auf einem Kuchengitter abkühlen lassen.
⑧ Für die Verzierung die **Mäuse** mit einem Stäbchen einstechen und den Bindfaden einstecken.

bitte umblättern!

Zutaten:
(für 8–10 Stück)
a) Vorteig:
1/4 W. fr. Hefe (10 g)
100 ml Milch
100 g Weizenmehl (Type 405)

weitere Zutaten
siehe nächste Seite

weitere Zutaten:
b) Brötchenteig:
300 g Weizenmehl (Type 405)
1/4 W. fr. Hefe (10 g)
1 TL Salz
150 g weiche Butter
2 fr. Eier
etwas grobes, gekörntes Salz zum Bestreuen der Käfer

Teiggewicht: ca. 780 g
100 g enthalten: ca. 1688,3 kJ bzw. 403,2 kcal oder 3,7 BE

Hitze:
Elektro: 200° C
Umluft: 180° C
Gas: Stufe 3
Backzeit: 20–25 Min.

Weintipp: Bei der nächsten Party darf der kleine Zoo nicht fehlen. Dazu empfehlen wir Ihnen den feinherben Riesling Kabinett mit seinem betörenden Fruchtaroma vom Weingut Karthäuserhof in Eitelsbach (Ruwer).

Salami-Käse-Aufstrich
200 g Salami
80 g Frischkäse
30 ml Sahne
etwas Salz u. Pfeffer a. d. Mühle
1/2 Bd. fr. Dill

Salami-Käse-Aufstrich

① Die Salami klein schneiden, mit dem Frischkäse und der Sahne anrühren und würzen.
② Den Dill waschen, die Stiele entfernen, klein hacken und über den Aufstrich streuen.

Korkenzieher
aus Blitz-Vollkornteig

für Kurzentschlossene …

Zubereitung:
1. Das Weizenvollkornmehl in eine Schüssel geben und mit dem Backpulver, Salz und Zucker trocken mischen.
2. Dann das Ei, Speiseöl, Quark und die Milch zugeben und alles miteinander zu einem glatten Teig kneten.
3. Den Teig aus der Schüssel nehmen und in 10–12 gleich große Stücke teilen.
4. Backofen vorheizen. Ein Backblech mit Backpapier auslegen oder fetten.
5. Die Teigstücke zu Strängen von 30–40 cm Länge rollen, dann zu einer Schleife legen, die Enden miteinander verdrehen und auf das Backblech legen.
6. Die Korkenzieher mit Backnatron nach Methode 1, 2 oder 3 belaugen (siehe S. 31), mit Sesam oder Mohn bestreuen und auf mittlerer Schiene backen.

Zutaten:
(für 10–12 Korkenzieher)
600 g Weizenvollkornmehl
2 P. Backpulver
1 ½ TL Salz
1 TL Zucker
1 fr. Ei
150 ml Speiseöl
250 g Quark
80–100 ml warme Milch
Sesam od. Mohn

Teiggewicht: ca. 1200 g
100 g enthalten: ca. 1526,4 kJ bzw. 364,6 kcal oder 3,3 BE

Hitze:
Elektro: 210° C
Umluft: 190° C
Gas: Stufe 3–4
Backzeit: 18–20 Min.

TIPP! Bei Vollkornmehl kann die Flüssigkeitsmenge sehr unterschiedlich sein. Gegebenenfalls muss etwas mehr oder weniger Flüssigkeit zugegeben werden.

Weintipp: Für die kurzfristige abendliche Einladung zum Wein, ist der gebackene Korkenzieher ein besonderes Geschmackserlebnis. Wir reichen dazu bevorzugt zum einen als Weißwein einen lebendigen, feingliedrigen, trockenen Riesling mit seiner schönen Säurestruktur aus der Pfalz, den Deidesheimer Herrgottsacker Riesling Kabinett trocken vom Weingut Georg Mosbacher aus Forst.
  Als Rotwein empfehlen wir zum anderen den Blauen Spätburgunder aus dem Hause Karl H. Johner, Bischoffingen in Baden, mit seinem großartigen, hintergründigen und würzigen Aroma.

Fische und Spatzen

Zutaten:
(für 8–10 Stück)

a) Vorteig:
1/4 W. fr. Hefe (10 g)
100 ml Milch
100 g Weizenmehl (Type 405 od. 550)

b) Brötchenteig:
400 g Weizenmehl (Type 405 od. 550)
2 TL Salz
1/4 W. fr. Hefe (10 g)
1 TL Zucker
70 g weiche Butter
220 ml Milch
grobes, gekörntes Salz od. geschälter Sesam zum Bestreuen

Teiggewicht: ca. 920 g
100 g enthalten: ca. 1311,2 kJ bzw. 313,2 kcal oder 4,0 BE

Hitze:
Elektro: 200° C
Umluft: 180° C
Gas: Stufe 3
Backzeit: 20–25 Min.

Zubereitung:

a) Vorteig:
① Für den Vorteig die Hefe in Milch auflösen. Das Mehl in eine Schüssel sieben und mit der aufgelösten Hefe verrühren. Abgedeckt ca. 2–3 Std. ruhen lassen.

b) Brötchenteig:
① Die restlichen Zutaten dazugeben und zu einem glatten Teig kneten. Den Teig schlagen, bis er Blasen wirft. Nochmals abdecken und 40–50 Min. ruhen lassen.
② Den Teig in 8–10 Stücke teilen und abdecken.
④ **Für die Fische:** Die Teigstücke auf eine Länge von etwa 15 cm ausrollen und auf eine Dicke von ca. 1 cm platt drücken. Das letzte Teigdrittel jeweils mit einer Drehung zu einer Flosse formen.
④ **Für die Spatzen:** Teigstücke auf eine Länge von etwa 30 cm ausrollen und mit einer Knotenform zu Spatzen formen. Den Schnabel spitz auslaufen lassen, das Schwanzende leicht platt drücken.
⑤ Noch einmal abdecken und weitere 15 Min. ruhen lassen.
⑥ Den Backofen vorheizen. Ein Blech mit Backpapier auslegen oder fetten.
⑦ Die Figuren mit Backnatron nach Methode 2 (siehe S. 31) belaugen, auf das Backblech legen und mit einer Schere bzw. mit einem scharfen Messer einschneiden. Gleich mit groben Salz oder Sesam bestreuen.
⑧ Auf der mittleren Schiebeleiste 20–25 Min. backen. Vom Backblech nehmen und auf einem Kuchengitter abkühlen lassen.

Reichen Sie zu den Fischen Frischkäse und Lachs.

In der Saale schwimmen die Fische und an den Hügeln entlang des Ufers wachsen die Weine des Thüringer Weingutes Bad Sulza. Hiervon empfehlen wir, den Müller-Thurgau Spätlese trocken zu den Fischen zu kosten.

Knusprig-blättrig Schinkenschneck´ig

Siehe auch Backschule Seite 28: »Der Croissantteig«.

Zubereitung:

a) Butterplatte (am besten am Vortag herstellen):
① Die Butter mit dem Mehl zu einer gleichmäßigen Masse verkneten und zu einem Rechteck von etwa 20 x 15 cm formen.
② Die geformte Butterplatte abgedeckt gut durchkühlen lassen. Erst so lässt sich die Butter gut weiterverarbeiten.

b) Croissantteig:
① Das Mehl in eine Schüssel sieben. Die Hefe in der kalten Milch auflösen und zum Mehl geben.
② Ei, Öl, Salz und Zucker beigeben und alles zusammen zu einem glatten Teig kneten. Den Teig zu einem Rechteck flach drücken und abgedeckt 30–60 Min. (am besten im Gefrierfach) kühlen.

③ Den gekühlten Teig auf einer leicht bemehlten Backunterlage auf die doppelte Größe der Butterplatte auswellen. Die Butterplatte auf den Teig legen und darin einschlagen.

④ Nun wird der Teig der Länge nach ausgerollt und eingeschlagen (siehe S. 28). Diesen Vorgang 2-mal wiederholen, dann den Teig zur besseren Weiterverarbeitung nochmals kühlen.

c) *Füllung:*

① Zwiebel schälen, in feine Würfel schneiden, im heißen Öl andünsten, dann in eine Schüssel geben.

② Schinken und Paprika in Würfel schneiden, Käse reiben, alles in die Schüssel geben und mit Mehl, Salz und den Gewürzen vermischen.

③ Den Teig zu einem Quadrat von etwa 40 x 60 cm auswellen, 1/3 des Teiges abschneiden und für die „Schneckenkörper" beiseite legen. Auf den anderen 2/3 des Teiges die Schinkenfüllung verteilen und zu einer Schnecke aufrollen. Die Schnecke in 16–20 Stücke zerteilen.

④ Den Backofen vorheizen, ein Backblech mit Backpapier auslegen oder fetten.

⑤ Den beiseite gelegten Teig in kurze Streifen schneiden und als „Schneckenkörper" an die Schinkenschnecken setzen. Wenn nötig mit etwas Ei „ankleben".

⑥ Die Schnecken auf das Backblech legen, abdecken und 20–30 Min. aufgehen lassen. Mit Backnatron nach Methode 2 oder 3 belaugen (siehe S. 31) und auf mittlerer Schiene backen.

Als Fühler für die Schnecken eignen sich z.B. Rosmarin, Petersilie usw. Damit können Sie die Schnecken nach dem Abkühlen schön verzieren.

Zutaten:
(für 18–20 Schnecken)

a) *Butterplatte:*
150 g Butter
30 g Weizenmehl (Type 550)

b) *Croissantteig:*
500 g Weizenmehl (Type 550)
3/4 W. fr. Hefe (30 g)
250 ml kalte Milch
1 fr. Ei
50 ml Speiseöl
1 1/2 TL Salz
1 TL Zucker

c) *Füllung:*
1 Zwiebel
1 ml Speiseöl
100 g gek. Schinken
1/2 grüne Paprikaschote
50 g ger. Emmentaler Käse
1/2 EL Mehl
etwas Salz
etwas Pfeffer
etwas Paprikapulver (edelsüß)
etwas Basilikum

Teiggewicht: ca. 1090 g
100 g enthalten: ca. 1458,5 kJ bzw. 348,4 kcal oder 2,9 BE

Hitze:
Elektro: 200° C
Umluft: 180° C
Gas: Stufe 3
Backzeit: 16–18 Min.

Weintipp: *Dazu empfehlen wir die Schwaigerner Ruthe, den im Barrique gereiften Lemberger trocken, vom Weingut des Grafen Neipperg, Württemberg.*

Kartoffel-Quarkteigschleife

Zutaten:
(für 8–10 Schleifen)

a) Kartoffelmasse:
500 g Kartoffeln
50 g Butter
2 fr. Eigelb
etwas Salz
etwas gem. Muskatnuss

b) Quarkteig:
375 g Weizenmehl (Type 405)
1 P. Backpulver (15 g)
1 TL Salz
1/2 TL Zucker
125 g Quark
1 fr. Ei
75 ml Milch
50 g Butter
8–10 Partytomaten zum Belegen

Teiggewicht: ca. 1320 g
100 g enthalten: ca. 1099,5 kJ bzw. 262,6 kcal oder 2,8 BE

Hitze:
Elektro: 210° C
Umluft: 190° C
Gas: Stufe 3–4
Backzeit: 15–20 Min.

Zubereitung:

a) Kartoffelmasse:

① Die Kartoffeln waschen, schälen und in Salzwasser gar kochen.
② Anschließend durch die Presse drücken und die Butter unter die heißen Kartoffeln geben.
③ Eigelb ebenfalls zügig unter die heißen Kartoffeln rühren. Mit Salz und Muskatnuss abschmecken.

b) Quarkteig:

① Das Mehl mit dem Backpulver, Salz und Zucker in einer Schüssel trocken mischen.
② Butter schmelzen und mit Quark, Ei und Milch ebenfalls in die Schüssel geben und alles zu einem Teig verkneten.
③ Den Teig aus der Schüssel nehmen, in 8–10 gleich große Stücke teilen und auf eine Länge von etwa 10–12 cm lang rollen.
④ Aus den Teigsträngen Ringe formen und diese in die Form einer Acht verdrehen.
⑤ Backofen vorheizen. Ein Backblech mit Backpapier auslegen oder fetten.
⑥ Die Teig-Achten auf das Backblech legen und die beiden Löcher, wenn nötig, noch etwas dehnen. Dann mit Backnatron nach Methode 1, 2 oder 3 belaugen (siehe S. 31).
⑦ Die Kartoffelmasse in einen Spritzbeutel geben und die Achten mit Kartoffelmasse ausfüllen.
⑧ Die Partytomaten halbieren, auf die Kartoffelmasse legen und leicht andrücken.
⑨ Die Kartoffel-Quarkteigschleifen auf mittlerer Schiene backen.

Zu diesem Gebäck gehört ein körperreicher, großartiger Riesling trocken, vom Großen Gewächs Toni Jost´s, Weingut in Mittelrhein.

Gefüllte Bagels

Zutaten:

(für 8–10 Bagels)

a) Bagelteig:
250 g Weizenmehl (Type 550)
25 g Maismehl
1/4 W. fr. Hefe (10 g)
150 ml warmes Wasser
1/2 TL Zucker
1 TL Salz

b) Füllung:
1/2 Bd. Petersilie
1 rote Paprikaschote
1/2 Zwiebel
etwas Bratöl
200 g Bratwurstbrät
etwas Salz u. Pfeffer

zum Kochen:
1 l Wasser
2–3 EL Backnatron

(siehe dazu auch Laugenherstellung S. 31)

Teiggewicht: 450 g
100 g enthalten: ca. 970,1 kJ bzw. 231,7 kcal oder 2,3 BE

Hitze:
Elektro: 200° C
Umluft: 180° C
Gas: Stufe 3
Backzeit: 20–25 Min.

Zubereitung:

a) Bagelteig:
① Mehl in eine Schüssel sieben und in die Mehlmitte eine Mulde eindrücken. Das Maismehl auf dem Mehlrand verteilen.
② Die Hefe in etwas warmem Wasser auflösen, in die Mulde gießen und mit etwas Mehl bestreuen. Den Vorteig zugedeckt ca. 15 Min. ruhen lassen.
③ Restliches Wasser, Zucker und Salz dazugeben und alles zusammen zu einem glatten, festen Teig kneten.
④ Den Teig schlagen, bis er Blasen wirft und nochmals 40–50 Min. ruhen lassen.
⑤ Teig zu einer ca. 45 x 25 cm großen Platte auswellen, mit einem scharfen Messer von der Teigplatte 6 Streifen mit einer Länge von jeweils ca. 25 cm abschneiden.

b) Füllung:
① Petersilie und Paprika waschen und abtropfen lassen. Petersilie klein hacken, Paprika von Strunk und Kernen befreien und in kleine Würfel schneiden.
② Die halbe Zwiebel klein würfeln und in einer Pfanne mit etwas Öl andünsten.
③ Zwiebel, Petersilie und Paprika zum Brät geben, mit Salz und Pfeffer würzen und vermischen. Die Füllung auf die Teigstreifen verteilen, die Teigkanten hochziehen und zum Schließen zusammendrücken, sodass lange, gefüllte Röhren entstehen.
④ Aus diesen Teigröhren Bagelsringe formen. Noch einmal abdecken und weitere 10 Min. ruhen lassen.
⑤ Den Backofen vorheizen. Ein Blech mit Backpapier auslegen oder fetten.
⑥ In einem Topf das Wasser mit Backnatron zum Kochen bringen. Die Bagels von beiden Seiten 15–30 Sek. kochen, anschließend auf das Backblech legen.
⑦ Auf der mittleren Schiebeleiste 20–25 Min. backen. Vom Backblech nehmen und auf einem Kuchengitter etwas abkühlen lassen.

Genießen Sie die Bagels mit einem frischen grünen Salat.

Weintipp: Zu diesem deftigen Snack empfehlen wir den Erzinger Frühburgunder trocken, „CS" vom Weingut Susanne und Berthold Clauß in Lottstetten-Nack, Baden-Bodensee.

Laugen-Schiffchen

Zutaten:
(für 10–12 Schiffchen)
a) Brötchenteig:
250 g Weizenmehl (Type 1050)
500 g Weizenmehl (Type 405 oder 550)
1/2 W. fr. Hefe (20 g)
220 ml warme Milch
220 ml warmes Wasser
2 TL Salz
1 TL Melasse
50 g weiche Butter

weitere Zutaten siehe nächste Seite

Zubereitung:

① Das Mehl in eine Schüssel geben und in die Mehlmitte eine Mulde eindrücken.

② Die Hefe in etwas warmer Milch auflösen, in die Mulde gießen und mit Mehl bestreuen. Den Vorteig ca. 15 Min. ruhen lassen.

③ Die restliche Milch, das Wasser, Salz, Melasse und Butter in Flöckchen dazugeben, zusammen zu einem glatten Teig kneten und schlagen, bis er Blasen wirft. Abgedeckt nochmals 30–40 Min. ruhen lassen.

④ Den Backofen vorheizen. Ein Blech mit Backpapier auslegen oder fetten.

⑤ Den Teig in 10–12 Stücke teilen, zu Kugeln formen und abdecken. Die Teigkugeln länglich und links und rechts spitz auslaufend ausrollen.

⑥ Die Schiffe mit Backnatron nach Methode 2 belaugen (siehe S. 31). Längs einschneiden und auf das Backblech legen. Auf der mittleren Schiebeleiste 20–25 Min. backen, die Brötchen vom Backblech nehmen und auf einem Kuchengitter abkühlen lassen.
⑦ Käse- und Obststücke auf Holzspieße setzen und damit die Laugenschiffe verzieren.

weitere Zutaten:

b) *Verzierung:*
Holzspießchen
400 g franz. Brie
1/2 Netzmelone
blaue Trauben
Erdbeeren

Teiggewicht: ca. 1250 g
100 g enthalten: ca. 1168,5 kJ bzw. 279,1 kcal oder 4,1 BE

Hitze:	
Elektro:	200° C
Umluft:	180° C
Gas:	Stufe 3
Backzeit:	20–25 Min.

Dazu passt:

Schafskäsedip

Zubereitung:
① Den Schafskäse in eine Schale geben und mit einer Gabel etwas zerdrücken.
② Die Schalotten häuten und fein würfeln.
③ Die Knoblauchzehe häuten und zerdrücken.
④ Alles zusammen mit dem Frischkäse verrühren und würzen.

Dip:
200 g Schafskäse
2 Schalotten
1 Knoblauchzehe
150 g Frischkäse
etwas Salz, Pfeffer u. Gewürze a. d. Mühle

Käse-Obst-Schiffchen

Zubereitung:
① Die Melone achteln und von den Kernen befreien.
② Holzspieße mit Käse und Obst bestücken und diese als Masten in das Fruchtfleisch stecken.
② Mit Laugenschiffen auf einer Platte arrangieren und mit Käsedip servieren.

Schiffchen-Spieße:
200 g franz. Brie
1 Netzmelone
100–150 g blaue u. weiße Trauben
100–150 g Erdbeeren
einige Physalis-Früchte

Weintipp: Zu diesem fruchtigen Genuss ist es ein Hochgenuss, eine Traminer Spätlese vom Weingut Laible, Baden, zu reichen.

außerdem:
Holz-Schaschlikspieße

TIPP! Starten Sie mit gebackenen Laugen-Schiffchen und Käse-Obst-Schiffchen eine interessante, kulinarische Tischregatta

115

Quark-Monde

Zutaten:
(für 8–10 Quarkmonde)

a) Quarkteig:
300 g Weizenmehl (Type 405)
1/4 W. fr. Hefe (10 g)
1 TL Zucker
60 ml warme Milch
1 fr. Ei
1 TL Salz
60 g Quark
50 g weiche Butter

b) Füllung:
100 g Emmentaler Käse
300 g gek. Schinken
1 Schalotte
1/2 Bd. Petersilie
etwas Salz u. Pfeffer a. d. Mühle
1 Msp. Curry
1 Msp. Paprikapulver
100 g Quark (20 % Fettgehalt)

c) Bestreuen:
Körnermix aus Sonnenblumenkernen, Kürbiskernen, Leinsamen u. Sesam

Teiggewicht: ca. 540 g
100 g enthalten: ca. 1062,9 kJ bzw. 253,9 kcal oder 2,1 BE

Hitze:
Elektro: 200° C
Umluft: 180° C
Gas: Stufe 3
Backzeit: 25–30 Min.

Zubereitung:

a) Quarkteig:
① Das Mehl in eine Schüssel sieben und in die Mehlmitte eine Mulde eindrücken.
② Die Hefe und Zucker in etwas warmer Milch auflösen, in die Mulde gießen und mit etwas Mehl bestreuen. Abgedeckt ca. 15 Min. ruhen lassen.
③ Die restliche Milch, das Ei, Salz, Quark und Butter in Flöckchen dazugeben und alles zu einem glatten Teig kneten. Den Teig schlagen, bis er Blasen wirft. Nochmals abgedeckt 40–50 Min. ruhen lassen.

b) Füllung:
① Käse und Schinken in kleine Würfel schneiden. Die Schalotte häuten und klein hacken. Petersilie waschen, abzupfen und klein hacken. Käse, Schinken, Schalotte, Gewürze und Quark miteinander vermischen.
② Den Teig auf einer leicht bemehlten Unterlage zu einer ca. 1/2 cm dicken Platte auswellen und mit einem Rundausstecher Kreise ausstechen. Den übrigen Teig zusammenkneten, wiederum auswellen und ausstechen. Die Füllung auf die eine Hälfte der Teigkreise verteilen, zusammenklappen und die Ränder schließen.
③ Den Backofen vorheizen. Ein Blech mit Backpapier auslegen oder fetten.
④ Die Quarkmonde nach Methode 2 oder 3 (siehe S. 31) belaugen und mit dem Körnermix bestreuen.
⑤ Auf der mittleren Schiebeleiste 25–30 Min. backen. Vom Backblech nehmen und auf einem Kuchengitter etwas abkühlen lassen.

Dazu empfehlen wir den passenden Trollinger trocken, Fellbacher Lämmler, vom Weingut Gerhard Aldinger in Stuttgart-Fellbach.

Feta-Teigecken
aus Quarkblätterteig

Siehe auch Backschule Seite 27: »Der Blitzblätterteig«.

Zutaten:
(für etwa 16 Feta-Ecken)
250 g Margarine
300 g Weizenmehl (Type 550)
½ TL Salz
½ TL Zucker
200 g Quark
ca. 50 ml Wasser
300 g Fetakäse zum Füllen
etwas Sesam u. Kräuter der Provence zum Bestreuen

Teiggewicht: ca. 820 g
100 g enthalten: ca. 1765,5 kJ bzw. 421,7 kcal oder 2,2 BE

Hitze:
Elektro: 210° C
Umluft: 190° C
Gas: Stufe 3–4
Backzeit: 16–20 Min.

Zubereitung:

a) Blätterteig:

① Die Margarine in Würfel schneiden und etwa 30 Min. kühlen.

② Das Mehl in eine Schüssel sieben, Salz sowie Zucker und Quark dem Mehl beigeben. Dann die gekühlten Margarinewürfel und das Wasser zugeben und zu einem Teig kneten. Die Margarinewürfel müssen aber noch sichtbar sein.

③ Aus dem Teig ein Rechteck formen, dann, wie auf S. 27 beschrieben, mit 5 „einfachen Touren" behandeln. Den Teig zwischendurch etwas kühlen.

b) Feta-Ecken:

① Den Blätterteig auf einer bemehlten Fläche mit einem Nudelholz auf eine Größe von etwa 40 x 40 cm auswellen. Dann in Quadrate von 10 x 10 cm schneiden.

② Die Teigquadrate mit etwas Wasser abstreichen und etwas Fetakäse auf jedes Teigstück legen. Den Teig über Eck schlagen und den Fetakäse einpacken.

③ Backofen vorheizen und ein Backblech mit Backpapier auslegen oder fetten.

④ Die Teigecken auf das Backblech legen und mit Backnatron nach Methode 2 oder 3 belaugen (siehe S. 31). Nach Wunsch mit etwas Sesam und Kräutern der Provence bestreuen und auf mittlerer Schiene backen.

⑤ Nach dem Backen die Feta-Ecken zum Auskühlen auf ein Gitter legen.

Zu den Fetaecken empfehlen wir Ihnen einen Spätburgunder Rotwein vom Weingut Bercher, Vogtsburg, im sonnigen Baden, gewachsen auf vulkanverwitterten Böden.

Weintipp:

Hackfleischtaschen
aus Butter-Joghurt-Teig

Zubereitung:

a) Butter-Joghurtteig:
① Das Mehl, den Quark, den Zitronensaft, das Salz und die Butter in eine Schüssel geben und alles miteinander zu einem glatten Teig kneten.
② Den Teig abdecken und 15 Min. ruhen lassen.

b) Hackfleischfüllung:
① Das Hackfleisch in einer Pfanne mit Öl andämpfen. Die fein gehackte Zwiebel, die Knoblauchzehe sowie die Champignons zufügen und mitdämpfen.
② Das Fleischbrät würzen, das Mehl darüber geben und unter Rühren kurz weiter braten.
③ Dann das Tomatenmark zugeben, umrühren und mit dem Rotwein ablöschen.

c) Teigtaschen:
① Backofen vorheizen. Zwei Backbleche mit Backpapier auslegen oder fetten.
② Den Butter-Joghurt-Teig sehr dünn (etwa 2 mm) mit einem Nudelholz auswellen und Kreise von etwa 12 cm ⌀ ausstechen. Den übrig gebliebenen Teig zusammendrücken und noch einmal auswellen.
③ Die ausgestochenen Kreise mit Wasser bestreichen und die Hackfleischfüllung darauf verteilen.
④ Den Teig über die Füllung schlagen und auf dem unteren Teig festdrücken.
⑤ Die Hackfleischtaschen auf die Bleche legen und mit Backnatron nach Methode 2 oder 3 belaugen (siehe S. 31). Die Teigoberfläche mit einer Gabel einstechen, dann auf mittlerer Schiene backen.

Zutaten:
(für 10–12 Fleischtaschen)
a) Butter-Joghurt-Teig:
300 g Weizenmehl (Type 405)
150 g Quark
1/2 TL Zitronensaft
1/2 TL Salz
120 g Butter

b) Hackfleischfüllung:
250 g Hackfleisch
2 EL Speiseöl
1 Zwiebel
1 Knoblauchzehe
100–150 g Champignons
   (fr. od. a. d. D.)
etwas Salz
etwas Pfeffer
etwas Kräuter der Provence
1 EL Mehl
1 EL Tomatenmark
100 ml Rotwein

Teiggewicht: ca. 590 g
100 g enthalten: ca. 1260,3 kJ bzw. 301 kcal oder 2,2 BE

Hitze:
Elektro: 210° C
Umluft: 190° C
Gas: Stufe 3–4
Backzeit: 18–22 Min.

Weintipp: Der Spätburgunder Centgrafenberg, ein Rotwein aus Franken, erhältlich im Weingut Fürst, der mit seiner guten Herbe, Fülle und Kraft genau abgerundet zu dem leckeren Hackfleischtaschen-Snack passt.

Zutaten:

(für 4 Brote)
500 g Weizenmehl (Type 550)
$1/2$ W. fr. Hefe (20 g)
115 ml handw. Milch
115 ml handw. Wasser
60 ml Olivenöl
1 Eigelb
1 TL Salz
1 TL Zucker

Belag:
50 g entst. Oliven
etwas Pizzagewürz

Teiggewicht: ca. 900 g
100 g enthalten: ca. 1408,8 kJ bzw.
                 336,5 kcal oder 4,2 BE

Hitze:
Elektro: 220° C
Umluft: 200° C
Gas: Stufe 4
Backzeit: 20–25 Min.

Laugen-Pizzabrot

Zubereitung:

① Das Mehl in eine Schüssel sieben und in die Mitte eine Mulde eindrücken.

② Die Hefe in der Milch auflösen, in die Mulde schütten und mit etwas Mehl verrühren. Abgedeckt 30 Min. gehen lassen.

③ Das Wasser mit dem Olivenöl, Eigelb, Salz und Zucker in die Schüssel geben und alles zu einem glatten Teig kneten.

④ Den Teig aus der Schüssel nehmen, in 4 gleich große Stücke teilen, länglich formen und zu Fladen flach drücken. Die länglichen Fladen nebeneinander auf ein mit Backpapier ausgelegtes Backblech legen, abdecken und 50–60 Min. gehen lassen.

⑤ Den Backofen vorheizen.

⑥ Die Pizzabrote mit Backnatron nach Methode 2 oder 3 belaugen (siehe S. 31).
⑦ Grüne oder schwarze Oliven halbieren, auf die Pizzabrote legen und leicht andrücken, dann mit etwas Pizzagewürz bestreuen und auf mittlerer Schien backen.

Weintipp: Dazu empfehlen wir Ihnen aus dem schwäbischen Weingut Ernst Dautel den Bönnigheimer Sonnenberg Lemberger trocken, eine typisch schwäbische Qualität, von alten Reben und intensiven, würzigen Aromen.

Gemüse-Mozzarella Calzone

Zutaten:
(für etwa 4–5 Personen)
a) Pizzateig:
siehe Laugen-Pizzabrot ohne Oliven und Pizzagewürz

b) Füllung:
1 Broccoli (ca. 300 g)
4 Tomaten (ca. 300 g)
2 Zwiebeln
1 Knoblauchzehe
3 EL Olivenöl
1 EL Tomatenmark
1 Zucchini (ca. 250 g)
etwas Salz
etwas Pfeffer
1 TL Basilikum
1/2 TL Paprikapulver (edelsüß)
50 g entst. Oliven
250 g Mozzarella

Teiggewicht: ca. 900 g
100 g enthalten: ca. 829,7 kJ bzw. 198,2 kcal oder 1,9 BE

Zubereitung:

a) Teig:
① Den Teig wie beim Laugen-Pizzabrot Punkt 1–3 zubereiten.
② Teig aus der Schüssel nehmen und in 6–7 gleich große Stücke teilen.
③ Die Teigstücke etwas rund formen und auf einem bemehlten Backbrett 30 Min. abgedeckt gehen lassen.

b) Füllung:
① Die Broccoliröschen waschen und in Salzwasser bissfest garen. Dann die Tomaten mit kochendem Wasser überbrühen, häuten, halbieren und in Scheiben schneiden.
② Zwiebeln und Knoblauchzehe schälen, fein schneiden und in einer Pfanne mit dem Olivenöl glasig dünsten. Dann das Tomatenmark zugeben.
③ Die Zucchini waschen, vierteln und in Scheiben schneiden. In die Pfanne geben und kurz mitdünsten.
④ Mit dem Salz und den Gewürzen abschmecken, in eine Schüssel geben und etwas auskühlen lassen.
⑤ Die in Scheiben geschnittenen Oliven sowie den in Würfel geschnittenen Mozzarella unter das Gemüse mischen.

Hitze:
Elektro: 220° C
Umluft: 200° C
Gas: Stufe 4
Backzeit: 20–25 Min.

Bestreuen Sie die Calzone nach dem Backen mit etwas Pizzagewürz. Außerdem: Diese Rustikale Calzone werden Sie in ganz Italien vergeblich suchen.

c) Fertigstellung:
① Den Backofen vorheizen und ein Backblech mit Backpapier belegen oder fetten.
② Die runden Teigstücke mit der Hand auf 20 cm ø flach drücken, evtl. mit einem Nudelholz auswellen.
③ Die Oberfläche der Teigfladen mit dem übrig gebliebenen Eiklar des Pizzateiges (oder mit Wasser) bestreichen. Die Teigfladen mit der Gemüsefüllung belegen, dabei einen schmalen Rand freilassen.
④ Die Fladen über die Füllung legen und gut festdrücken und auf ein Backblech legen.
⑤ Die Calzone mit Backnatron nach Methode 2 oder 3 belaugen (siehe S. 31) und auf mittlerer Schiene backen.

Den Füllungen für die Calzone sind keine Grenzen gesetzt. Wie wär's mit schinkig-zwieblig oder paprika-scharf? Auch ganz interessant ist, einmal das Backbuch zu schließen und die Vorratskammertür zu öffnen. Der Hausfrauen-Kunst ist es eben noch immer, „aus wenig etwas Besonderes" zu machen.

Wir empfehlen Ihnen, sich hierzu einen Monzinger Riesling trocken aus dem Nahe-Weingut Emrich Schönlebers munden zu lassen.

Weintipp:

Käse-Paprikatörtchen

Zutaten:
(für etwa 12 Törtchen)
a) Brötchenteig:
300 g Weizenmehl (Type 550)
300 g Weizenmehl (Type 1050)
¾ W. fr. Hefe (30 g)
300 ml handw. Wasser
60 ml Speiseöl
1 ½ TL Salz

weitere Zutaten siehe nächste Seite

Zubereitung:

a) Törtchenteig:
① Das Mehl abwiegen und in eine Schüssel sieben. Dann die Hefe im Wasser auflösen und zum Mehl geben.
② Das Öl und das Salz ebenfalls zugeben und alles zusammen zu einem glatten Teig kneten.
③ Ein Blech mit Backpapier auslegen oder fetten. Den Teig aus der Schüssel nehmen und in 12 Stücke teilen. Diese zu runden Brötchen formen und auf das Blech legen. Die Teigstücke abdecken und etwa 1 Std. gehen lassen.
④ Dann den Backofen vorheizen.

b) Käseguss:
① Das Ei, das Mehl, das Salz und die Gewürze mit einem Schneebesen verrühren und die Milch unter Rühren hinzufügen.

② Die runden Teigstücke mit Backnatron nach Methode 2 oder 3 belaugen (siehe S. 31). Dann mit der Unterseite eines Trinkglases eine Vertiefung eindrücken. (Das Glas muss so eingedrückt werden, dass in der Mitte des Teigstückes eine Vertiefung entsteht. Die so entstandene Vertiefung mit dem geriebenen Käse auffüllen.)

③ Die Paprikaschote waschen, von Rippen und Kernen befreien und in feine kurze Streifen schneiden. Die Paprikastreifen gleichmäßig auf den Käsetörtchen verteilen.

④ Jetzt wird der Käseguss noch einmal durchgerührt und über den Käse und die Paprikastreifen gegossen.

⑤ Das Blech mit den Käsetörtchen auf mittlerer Schiene backen.

Zu den rezenten Käsetörtchen empfehlen wir Ihnen den rubinroten, im Holzfass gereiften Schwarzriesling Rotwein trocken, Edition -S-, vom Weingut Jean Buscher aus Bechtheim in Rheinhessen.

weitere Zutaten:

b) Käseguss:
1 fr. Ei
1 EL Mehl
½ TL Salz
etwas Pfeffer
etwas gem. Muskatnuss
200 ml Milch
125 g ger. Parmesankäse
125 g ger. Greyerzer Käse
1 Paprikaschote

Teiggewicht: ca. 1000 g
100 g enthalten: ca. 1176,5 kJ bzw. 281 kcal oder 2,7 BE

Hitze:	
Elektro:	210° C
Umluft:	190° C
Gas:	Stufe 3–4
Backzeit:	20–25 Min.

Laugenroulade
mit Schalottenfüllung

Zutaten:
(für 1 Roulade bzw. 3–4 Personen)
a) Rolladenteig:
350 g Weizenmehl (Type 550)
$1/2$ W. fr. Hefe (20 g)
200 ml warme Milch
1 TL Zucker
1 $1/2$ TL Salz
50 g weiche Butter

weitere Zutaten
siehe nächste Seite

Zubereitung:

a) Rolladenteig:
① Das Mehl in eine Schüssel sieben und in die Mehlmitte eine Mulde eindrücken.
② Die Hefe in etwas warmer Milch auflösen, in die Mulde gießen und mit Mehl bestreuen. Den Vorteig abgedeckt ca. 15 Min. ruhen lassen.
③ Die restliche Milch, Zucker, Salz und Butterflöckchen dazugeben und zu einem glatten Teig kneten. Den Teig schlagen, bis er Blasen wirft und nochmals abgedeckt 30–40 Min. ruhen lassen.

b) Füllung:
① Thymian und Petersilie waschen, etwas abtupfen, von den Stielen befreien und großzügig klein hacken.
② Schalotten häuten und klein würfeln, Champignons säubern und in feine Scheiben schneiden.

③ Das Öl in einer Pfanne erhitzen, das Hackfleisch, die Schalotten und die Champignons dazugeben und scharf anbraten.
④ Thymian und Petersilie dazugeben, würzen, kurz mitbraten und dann abkühlen lassen. Die Eier aufschlagen und untermischen.
⑤ Die Paprika und Tomaten waschen. Paprika in Würfel, Tomaten in feine Scheiben schneiden.
⑥ Backofen vorheizen. Ein Backblech mit Backpapier auslegen oder fetten.
⑦ Den Teig auf einer leicht bemehlten Unterlage zu einem ca. $1/2$ cm dicken Rechteck auswellen. Mit Semmelbröseln bestreuen und die Hackfüllung auf der Teigplatte gleichmäßig verteilen. An den langen Seiten der Teigplatte zum Schließen einen 3–4 cm breiten Rand frei lassen. Die Tomaten und Paprika über die Füllung verteilen, die ganze Platte aufrollen und auf das Backblech legen.
⑧ Die Roulade mit Backnatron nach Methode 2 oder 3 (siehe S. 31) belaugen.
⑨ Die Roulade in Portionsstücke schneiden und abwechselnd nach links und rechts verziehen. Auf der mittleren Schiebeleiste 35–40 Min. backen.

Weintipp: *Bei der Rollade darf der Wein nicht fehlen. Dazu empfehlen wir Ihnen einen Blauschiefer Spätburgunder vom Weingut Meyer-Näkel aus dem Weingebiet Ahr mit seinen warmen Schieferböden.*

weitere Zutaten:

b) Füllung:
$1/4$ Bd. Thymian
$1/2$ Bd. Petersilie
5 Schalotten
100 g fr. braune Champignons
2–3 EL Oliven- oder Bratöl
250 g Rinderhack
etwas Salz u. Pfeffer a. d. Mühle
2 fr. Eier
1 grüne Paprikaschote
2 Tomaten
Semmelbrösel zum Bestreuen

Teiggewicht: ca. 530 g
100 g enthalten: ca. 817,9 kJ bzw. 195,4 kcal oder 1,8 BE

Hitze:
Elektro: 200° C
Umluft: 180° C
Gas: Stufe 3
Backzeit: 35–40 Min.

Dinkelvollkorn-Laugencroissant

Siehe auch Backschule Seite 28: »Der Croissantteig«.

Zutaten:
(für 12–14 Croissants)
a) Margarineplatte:
200 g Margarine
40 g Dinkelmehl (Type 630)

b) Croissantteig:
350 g Dinkelvollkornmehl
150 g Dinkelmehl (Type 630)
1/2 W. fr. Hefe (20 g)
275 ml kalte Milch
30 g Margarine
1 fr. Ei
1 1/2 TL Salz
1 EL Zucker
etwas Sesam zum Bestreuen

Teiggewicht: ca. 1145 g
100 g enthalten: ca. 1716,5 kJ bzw. 410 kcal oder 3,5 BE

Hitze:
Elektro: 210° C
Umluft: 190° C
Gas: Stufe 3–4
Backzeit: 18–20 Min.

Zubereitung:

a) Margarineplatte:
① Die Margarine mit dem Dinkelmehl zu einer gleichmäßigen Masse verkneten und zu einem Rechteck von etwa 20 x 15 cm formen.
② Die geformte Margarineplatte abgedeckt gut durchkühlen lassen. Erst so lässt sich die Margarine gut weiterverarbeiten.

b) Croissantteig:
① Das Dinkelmehl in eine Schüssel sieben. Die Hefe in der kalten Milch auflösen und zum Mehl geben.
② Die Margarine, das Ei, Salz und Zucker ebenfalls zugeben und alles zusammen zu einem glatten Teig kneten. Den Teig zu einem Rechteck flach drücken und abgedeckt 30–60 Min. (am besten im Gefrierfach) kühlen.
③ Den gut gekühlten Teig auf einer leicht bemehlten Backunterlage auf die doppelte Größe der Margarineplatte auswellen. Die Margarineplatte auf den Teig legen und damit einschlagen.
④ Nun wird der Teig der Länge nach ausgewellt und eingeschlagen (siehe S. 28). Diesen Vorgang 2-mal wiederholen, dann den Teig zur besseren Weiterverarbeitung nochmals kühlen.

c) Wickeln der Croissants:
① Den gekühlten Teig mit einem Nudelholz auf eine Größe von etwa 30 x 50 cm rechteckig auswellen.
② Den Teig der Länge nach mit einem scharfen Messer halbieren. Aus den beiden Teigstreifen werden nun möglichst gleich große Dreiecke geschnitten.
③ Die Teigdreiecke von der breiten Seite zur Spitze hin aufrollen und halbmondförmig biegen. Die Croissants ca. 30–40 Min. aufgehen lassen.
④ Den Backofen vorheizen. Ein Backblech mit Backpapier auslegen oder fetten.
⑤ Die Croissants mit Backnatron nach Methode 1, 2 oder 3 belaugen (siehe S. 31) und mit etwas Sesam bestreuen. Dann auf mittlerer Schiene backen.

Dinkel-Burger *Variante*

Zubereitung:

a) Gemüsebratlinge:

① Den Grünkernschrot mit kochender Gemüsebrühe übergießen, umrühren und 1–2 Std. quellen lassen.

② Die Zwiebel schälen und in feine Würfel schneiden, die Petersilie klein schneiden und beides zusammen mit Öl in einer Pfanne andünsten.

③ Die Paprikaschote waschen, von Rippen und Kernen befreien und in kleine Würfel schneiden. Die Tomate und Zucchini ebenfalls waschen, in kleine Würfel schneiden und kurz in der Pfanne mitdünsten.

④ Das gedünstete Gemüse unter den eingeweichten Grünkernschrot geben und mit dem Salz und den Gewürzen abschmecken. Dann die Eier unterrühren und die Masse mit etwas Mehl binden.

⑤ Zum Schluss den geriebenen Käse unterrühren, Gemüsebratlinge formen und diese einige Min. in der Pfanne im heißen Fett anbraten.

b) Weiterverarbeitung:

① Vollkorncroissants mit einem scharfen Sägemesser aufschneiden, Deckel zur Seite legen.

② Den Boden mit Mayonnaise bestreichen, 1–2 Salatblätter darauf legen und mit einen Gemüsebratling füllen.

③ Den Gemüsebratling mit etwas Ketchup bestreichen, Deckel wieder aufsetzen und … den Startschuss geben zur großen Dinkelverführung.

Dinkel-Burger:

a) Gemüsebratlinge:

250 g Grünkernschrot
250 ml Gemüsebrühe
1 Zwiebel
$1/2$ Bd. Petersilie
3 EL Sonnenblumenöl
1 rote Paprikaschote
1 Tomate
1 Zucchini
etwas Salz
etwas Pfeffer
etwas Majoran
3 fr. Eier
2–3 EL Dinkelvollkornmehl
150 g ger. Hartkäse

b) Weiterverarbeitung:

6–8 Dinkelvollkorncroissants
etwas Mayonnaise
einige Salatblätter
etwas Ketchup

Weintipp: *Zu diesem Gebäck aus alter Kornsorte, fast Urkorn, empfehlen wir Ihnen einen Riesling halbtrocken aus dem Weingut J. B. Becker in Walluf, gewachsen an „alten Reben" am Wallufer Oberberg im Rheingau.*

Siehe auch Backschule Seite 28: »Der Croissantteig«.

Spinat-Gorgonzolataschen
aus Croissantteig

Zutaten:
(für etwa 20 Taschen)
a) Margarineplatte:
150 g Margarine
30 g Weizenmehl (Type 550)

b) Croissantteig:
500 g Weizenmehl (Type 550)
1 Msp. Kurkuma
3/4 W. fr. Hefe (30 g)
260 ml kalte Milch
30 g Margarine
2 fr. Eier
1 1/2 TL Salz
1 EL Zucker

weitere Zutaten
siehe nächste Seite

Zubereitung:

a) Margarineplatte (am besten am Vortag herstellen):
① Die Margarine mit dem Mehl zu einer gleichmäßigen Masse verkneten und zu einem Rechteck von etwa 20 x 15 cm formen.
② Die geformte Margarineplatte abdecken und gut durchkühlen lassen. So lässt sich die Margarine gut weiterverarbeiten.

b) Croissantteig:
① Das Mehl mit dem Kurkuma in eine Schüssel sieben. Die Hefe in der kalten Milch auflösen und zum Mehl geben.
② Margarine, Eier, Salz und Zucker ebenfalls zugeben und alles zu einem glatten Teig verkneten. Den Teig zu einem Rechteck flach drücken und abgedeckt 30–60 Min. (am besten im Gefrierfach) kühlen.

③ Den gut gekühlten Teig auf einer bemehlten Backunterlage auf die doppelte Größe der Margarineplatte auswellen. Die Margarineplatte auf den Teig legen und damit einschlagen.

④ Nun wird der Teig der Länge nach ausgewellt und eingeschlagen (siehe S. 28). Diesen Vorgang 2-mal wiederholen, dann den Teig zur besseren Weiterverarbeitung nochmals kühlen.

c) Spinat-Gorgonzola-Füllung:
① Den blanchierten Spinat fein schneiden oder pürieren.
② Den geriebenen Käse und das Mehl zum Spinat geben, alles miteinander vermengen und mit dem Salz und den Gewürzen abschmecken.
③ Den Teig auf einer bemehlten Backunterlage auf die Größe von ca. 40 x 50 cm auswellen. Mit einem scharfen Messer Quadrate von 10 x 10 cm schneiden und diese mit einem Pinsel und etwas Wasser bestreichen.
④ Die Spinatfüllung sowie den in Würfel geschnittenen Gorgonzolakäse auf den Teigquadraten verteilen, zur Mitte hin zusammenlegen und seitlich gut andrücken, wobei in der Mitte eine Öffnung bleibt.
⑤ Den Backofen vorheizen. Ein Backblech mit Backpapier auslegen oder fetten. Die Teigtaschen auf das Backblech legen, abdecken und ca. 30 Min. aufgehen lassen.
⑥ Die Teigtaschen mit Backnatron nach Methode 2 oder 3 belaugen (siehe S. 31) und auf mittlerer Schiene backen.

Anstelle der Spinatfüllung nehme ich gerne auch die auf Seite 111 beschriebene Schinkenfüllung. Für etwas Abwechslung einfach von beiden Füllungen die Hälfte machen und die Teigtaschen damit füllen.

weitere Zutaten:

c) Füllung:
200 g Spinat (blanchiert)
75 g ger. Emmentaler Käse
1 EL Mehl
etwas Salz
etwas Pfeffer
etwas Muskatnuss
150 g Gorgonzola

Teiggewicht: ca. 1100 g
100 g enthalten: ca. 1432,7 kJ bzw. 342,2 kcal oder 2,7 BE

Hitze:
Elektro: 210° C
Umluft: 190° C
Gas: Stufe 3–4
Backzeit: 18–20 Min.

Weintipp: *Zu den Gorgonzolataschen gehört ein feiner Selectionswein vom Weingut Michel-Pfannebecker, Rheinhessen, einen Spätburgunder trocken -S-, einen Pinot nach Burgunder Vorbild.*

Würstchen im Blätterteigrock

Zutaten:
(für 8 Personen)

a) Blätterteig:
250 g Backmargarine
275 g Weizenmehl (Type 550)
½ TL Salz
½ TL Zucker
125 ml Wasser

b) Füllung:
200 g ger. Emmentaler Käse
2 fr. Eier
50 g Senf
½ Bd. Dill
etwas Pfeffer
4 Paar Wiener Würstchen
etwas ger. Emmentaler Käse
   zum Bestreuen

Teiggewicht: ca. 650 g
100 g enthalten: ca. 1667,5 kJ bzw.
                 398,3 kcal oder 1,6 BE

Hitze:
Elektro: 210° C
Umluft: 190° C
Gas: Stufe 3–4
Backzeit: 16–18 Min.

Zubereitung:

a) Blätterteig:
① Die Margarine in Würfel schneiden und etwa 30 Min. kühlen.
② Das Mehl in eine Schüssel sieben und das Salz sowie den Zucker unter das Mehl mischen. Dann die gekühlten Margarinewürfel zugeben und das kalte Wasser in die Schüssel schütten.
③ Alles zusammen mit der Hand verkneten, bis der Teig bündig ist, die Margarinewürfel aber noch sichtbar sind.
④ Ein Rechteck formen, dann mit 5 „einfachen Touren" (siehe S. 27) behandeln. Den Teig zwischendurch etwas kühlen.

b) Füllung:
① Den Käse, 1 Ei und den Senf mit dem fein gehackten Dill in eine kleine Schüssel geben, vermischen und mit etwas Pfeffer würzen.
② Die Wiener Würstchen der Länge nach einmal durchschneiden.

c) Blätterteigrock:
① Blätterteig auf einer bemehlten Fläche mit einem Nudelholz auf eine Größe von etwa 40 x 80 cm rechteckig auswellen und Streifen von 20 x 10 cm schneiden.
② Das zweite Ei in einer kleinen Schüssel verquirlen und mit einem Backpinsel auf dem Teig verstreichen.

Siehe auch Backschule Seite 27: »Der Blitzblätterteig«.

Vollkommen abgerundet ist der Genuss mit diesem sommerlichen Riesling, feinherb, vom Weingut Fritz Haag aus Brauneberg.

Weintipp:

③ Nun wird die Käsefüllung mit einem Löffel auf die Mitte der Teigstreifen gefüllt, dann je Teigstreifen eine halbierte Wiener Wurst aufgelegt. Den Teig von beiden Seiten einschlagen und gut zudrücken.
④ Backofen vorheizen. Ein Backblech mit Backpapier auslegen oder fetten.
⑤ Die eingepackten Würste auf das Backblech legen und mit Backnatron nach Methode 2 oder 3 belaugen (siehe S. 31), mit einem Messer einige Male einschneiden und mit etwas geriebenem Käse bestreuen.
⑥ Auf mittlerer Schiene backen.

Laugen-Käse-Muffins

Zutaten:
(für 12 Muffins)

Schritte 1–2:
100 g Vollkornmehl
150 g Weizenmehl (Type 405)
1 1/2 TL Backpulver
1 TL Backnatron
1 TL Salz
1/2 TL Oregano

Schritte 3–7:
180 g Zucchini
1 fr. Ei
60 ml Maiskeimöl
240 ml Buttermilch
150 g ger. Käse
100 g Kräuterfrischkäse zum Füllen

Teiggewicht: 940 g
100 g enthalten: ca. 1051,2 kJ bzw. 251,1 kcal oder 1,6 BE

Hitze:
Elektro: 180° C
Umluft: 160° C
Gas: Stufe 2
Backzeit: 20–25 Min.

Zubereitung:

① Den Backofen vorheizen. Das Muffin-Backblech fetten.
② Mehl, Backpulver, Backnatron, Salz und Oregano in einer Schüssel gut vermischen.
③ Die Zucchini schälen und fein raspeln, das Ei in einer großen Schüssel aufschlagen und verquirlen.
④ Öl, Zucchini, Buttermilch und geriebenen Käse miteinander vermischen.
⑤ Die trockenen Zutaten zu den feuchten geben und vorsichtig unterheben.
⑥ Zuerst eine Hälfte des Teigs in die Backblechvertiefungen füllen, dann den Frischkäse darüber geben und mit dem restlichen Teig auffüllen.
⑦ Auf der mittleren Schiebeleiste 20–25 Min. backen. Die Muffins im Backblech etwas abkühlen lassen und vorsichtig herausnehmen.

Weintipp: Zu den Käse-Muffins, gleich einem Geschmacksverstärker, empfehlen wir den hervorragenden Riesling Kabinett aus dem Weingut Schloss Wallhausen im Weingebiet Nahe.

Die Brezelsuppe

Zubereitung:

① Das Wasser in einem Topf zum Kochen bringen und das Fleisch und die Knochen zugeben. Die Zwiebel halbieren, die Schnittseite in einer Pfanne sehr dunkel anbraten und ins Wasser geben.

② Die Möhren und das Selleriestück schälen. Die Kräuter und das Gemüse waschen, großzügig zerkleinern und mit den Gewürzen ebenfalls ins Wasser geben. Den Fond ca. 2 Std. bei mäßiger Hitze köcheln lassen, den Schaum ab und zu abschöpfen.

③ Die Brezeln in Würfel schneiden und mit der Butter in einer Pfanne goldbraun anrösten.

④ Die Schalotte schälen, in feine Ringe schneiden und in einer Pfanne andünsten.

⑤ Eigelb leicht verquirlen und mit saurer Sahne verrühren.

⑥ Den Rinderfond absieben, die Knochen entfernen, das Fleisch für eine separate Mahlzeit bei Seite legen und kühl stellen. Brauchen Sie nicht die ganze Brühe, so können Sie den Rest in ein Schraubglas füllen und bis ca. 1 Woche im Kühlschrank aufbewahren.

⑦ Die Brühe erhitzen, die saure Sahne dazugeben und verrühren. Die Schalottenringe und die Brezelwürfel kurz vor dem Servieren dazugeben.

Zutaten:
(für etwa 4 Personen)

a) Fond (Brühe):
1 1/2 – 2 l Wasser
250 g Rindfleisch (Schulter od. Brustspitz)
125 g Rinderknochen
125 g Rinder-Markknochen
1 Zwiebel mit Schale
2 Möhren
1 Stück Sellerie
1 Stg. Staudensellerie
1 Stg. Porree
etwas Liebstöckel
1 Lorbeerblatt
1 Nelke
2 Wacholderbeeren
2 TL Salz
einige Pfefferkörner

b) außerdem:
3 Brezeln
2 EL Butter
1 Schalotte
2 fr. Eigelb
3–4 EL saure Sahne

Weintipp: Zu dieser Brezelsuppe empfehlen wir Ihnen den Rheingauer Riesling Kabinett von der Weinlage Kiedricher Sandgrub, mit seiner feinherben Geschmacksnote aus dem Weingut Baron zu Knyphausen.

Crissini – extra lang

Zutaten:

(für etwa 50 Crissini)
500 g Weizenmehl (Type 550)
150 g Butter
1 ½ TL Salz
1 TL Zucker
250 ml handw. Milch
½ W. fr. Hefe (20 g)
etwas grobes, gekörntes Salz u. etwas ganzer Kümmel zum Bestreuen

Teiggewicht: ca. 940 g
100 g enthalten: ca. 1700,8 kJ bzw. 406,2 kcal. oder 4,2 BE

Hitze:
Elektro: 200° C
Umluft: 180° C
Gas: Stufe 3
Backzeit: 12–15 Min.

Zubereitung:

① Das Mehl, die etwas zerkleinerte Butter mit Salz und Zucker in eine Schüssel geben und zusammen so lange kneten, bis feinste Streusel entstehen.

② Dann wird die Milch mit der darin gelösten Hefe zugegeben und zu einem glatten Teig verknetet.

③ Den Teig aus der Schüssel nehmen und in 40–50 gleich große Stücke teilen (jeweils etwa 20 g schwer). Abgedeckt bleiben diese etwa 15 Min. liegen.

④ Den Backofen vorheizen und ein Blech mit Backpapier auslegen oder fetten.

⑤ Die Teigstücke auf die gewünschte Länge (Backblechlänge) von etwa 20 cm ausrollen und als Stangen auf das Backblech legen. Etwas aufgehen lassen, dann mit Backnatron nach Methode 2 oder 3 belaugen (siehe S. 31).

⑦ Mit gekörntem Salz und Kümmel oder anderen Körnern bestreuen und auf mittlerer Schiene backen.

Weintipp: Zu Crissini bietet sich ein hervorragender Untertürkheimer Gips Samtrot trocken, vom Weingut Gerhard Aldinger in Stuttgart-Fellbach, an.

Bestreuen Sie die Crissini nach dem Belaugen mit Sesam, Mohn, Schwarzen Kümmel usw. oder geben Sie diese auch schon zum Teig hinzu.

Wie wäre es mit mürben Laugenbrezeln? Dieser Teig eignet sich hervorragend dazu. Schlingen Sie die Teigstränge doch einfach zu Brezeln und schon kann gebrezelt werden.

Nicht vergessen: Wenn mehr als 1 Blech auf einmal gebacken werden soll, muss der Backofen mit Umluft betrieben werden. Bei Ober- und Unterhitze kann immer nur 1 Blech eingeschoben werden.

Reichen Sie dazu in Streifen geschnittenes Gemüse.

Dazu passt:

Crissini-Dipp

Zubereitung:
1. Schalotten, Knoblauch und Kartoffeln schälen. Die Kartoffeln waschen und in kleine Würfel schneiden. Die Schalotten fein würfeln.
2. Spinatblätter und Kerbel waschen. Die Kerbelblätter abzupfen und mit den Spinatblättern klein hacken.
3. In einem Topf das Öl erhitzen, Schalotten und frisch gepressten Knoblauch zugeben und glasig andünsten.
4. Die klein geschnittenen Kartoffeln, Spinat und Kerbel dazugeben und kurz mitdünsten. Das Mehl darüber sieben und untermischen.
5. Die Brühe unter ständigem Rühren dazugeben und aufkochen lassen. Bei mäßiger Hitze unter gelegentlichem Rühren sämig kochen, würzen und etwas abkühlen lassen.
6. Die Sahne unterziehen und alles weiter abkühlen lassen.

Crissini-Dipp:
2 Schalotten
2 Knoblauchzehen
100 g Kartoffeln
100 g fr. Blattspinat
½ Bd. fr. Kerbel
2 EL Erdnussöl
1 EL Stärkemehl
200 ml Gemüsebrühe
etwas Salz, Pfeffer u. Gewürze
200 ml angeschlagene Sahne

Laugenchips

Zutaten:
übrig gebliebene Brezeln od. Bagels
Fett fürs Blech

Hitze:
Elektro: 200° C
Umluft: 180° C
Gas: Stufe 3
Backzeit: ca. 10 Min.

Aus übrig gebliebenen Brezeln oder Bagels können Sie sehr einfach selbst gemachte Chips herstellen, die sich sehr gut zum Dippen eignen.

① Schneiden Sie diese dazu in dünne Scheiben und legen Sie sie auf ein gefettetes oder mit Backpapier ausgelegtes Blech.
② Chips auf der mittleren Schiebeleiste backen.
③ Die Brezel- und Bagel-Chips schmecken auch pur, wenn Sie die Scheibchen vor dem Backen mit Kräuterbutter bestreichen.

Dazu passt:

Avocado-Dipp

Avocado-Dipp:
2 reife Avocados
Saft von ½ Zitrone
150 g Crème fraîche
etwas Salz, Pfeffer, Paprikapulver, Ingwer u. Petersilie

Zubereitung:
Die Avocados halbieren und den Stein entfernen. Das Fruchtfleisch mit einem Löffel aus der Schale lösen, mit einer Gabel zerdrücken und in eine Schale geben. Gleich den Zitronensaft dazugeben und vermischen. Crème fraîche und Gewürze dazugeben und gut unterrühren. Mit Petersilie verzieren.

TIPP! Die Avocados mit der fast schwarzen Schale sind die schmackhaftesten.

Weintipp: Runden Sie den Abend am brennenden Kamin ab, mit Laugenchips, Dipp und dem Spätburgunder Rotwein trocken von Schloss Wallhausen mit seinem samtigen Feuer.

Urige Kartoffelbrötchen

Zubereitung:
1. Die Kartoffeln in Salzwasser gar kochen, dann schälen und in Würfel schneiden.
2. Das Mehl in eine Schüssel sieben und in die Mitte eine Mulde eindrücken.
3. Die Hefe in einem Teil des Wassers auflösen, in die Mulde schütten und mit etwas Mehl verrühren.
4. Das Salz und die Muskatnuss auf dem Mehlrand verteilen, abdecken und 20 Min. gehen lassen.
5. Nun das restliche Wasser zugeben und den Teig so lange kneten, bis er sich gut von der Schüssel löst.
6. Erst jetzt Kartoffelwürfel und Schnittlauch zugeben und so lange weiterkneten, bis wieder ein glatter Teig entsteht. Abgedeckt 30 Min. in der Schüssel ruhen lassen.
7. Den Teig ohne Mehl auf die Küchenplatte legen, dann mit beiden Hände etwa 10 Teigstücke in Form von Kartoffeln abtrennen. Beim Abtrennen wird der Teig auf der Tischplatte leicht entlanggezogen. Dadurch wird die Teigoberfläche glatt und das Brötchen etwas länglich.
8. Backofen vorheizen. Ein Blech mit Backpapier auslegen oder fetten. Die Teigstücke auf das Backblech legen und ca. 20 Min. aufgehen lassen.
9. Die Kartoffelbrötchen mit Backnatron nach Methode 1, 2 oder 3 belaugen (siehe S. 31) und auf mittlerer Schiene backen.

Dazu passt:

Käse-Fondue

Die Brotstücke stets bis auf den Grund eintauchen und etwas umrühren, damit der Käse nicht anbrennt.

Zubereitung:
1. Den Käse grob raspeln und in einen Topf geben.
2. Speisestärke mit Wein verrühren und zum Käse gießen.
3. Bei mäßiger Hitze unter ständigem Rühren zum Kochen bringen und vom Herd nehmen.
4. Den Käse in den Fonduetopf umfüllen, die Knoblauchzehe schälen und ganz dazu geben. Das Kirschwasser dazugeben, würzen und servieren.

Weintipp: Zu dem urigen Essen ist unsere Empfehlung, ein Weißwein aus Franken im Boxbeutel dazu zu reichen. Vom Weingut Schmitt´s Kinder in Randersacker, den klassischen Randersacker Sonnenstuhl Silvaner Kabinett trocken.

Zutaten:
(für 10 Brötchen)
150 g Kartoffeln
250 g Weizenmehl (Type 550)
200 g Weizenmehl (Type 1050)
½ W. fr. Hefe (20 g)
270 ml Wasser
2 TL Salz
1 Msp. gem. Muskatnuss
2 EL geh. Schnittlauch

Teiggewicht: 920 g
100 g enthalten: ca. 888,1 kJ bzw. 212,1 kcal oder 3,6 BE

Hitze:
Elektro: 210° C
Umluft: 190° C
Gas: Stufe 3–4
Backzeit: 15–20 Min.

Die Kartoffelbrötchen einfach in Würfel schneiden und zum selbst gemachten Fondue servieren.

Fondue:
(für etwa 4 Personen)
300 g Greyerzer Käse
150 g Vacherin Käse (Weichkäse aus dem schweizer Jura)
150 g Appenzeller Käse
1 EL Speisestärke
300 ml Weißwein
1 Knoblauchzehe
3 EL Kirschwasser
etwas Pfeffer, Paprikapulver u. Muskatnuss a. d. Mühle

Rustikale Suppentassen
aus Brotteig

Zutaten:
(für 4 Suppentassen)
a) Vorarbeiten:
100 g Dinkelvollkornmehl
100 ml heißes Wasser

*weitere Zutaten
siehe nächste Seite*

Zubereitung:
① Das Dinkelvollkornmehl mit dem heißen Wasser verrühren und mind. 1 Std. quellen lassen.
② Das restliche Mehl in eine Schüssel geben und in die Mitte eine Mulde eindrücken.
③ Die Hefe in einem Teil Wasser auflösen, in die Mulde schütten und mit etwas Mehl verrühren. Das Salz und die Gewürze auf dem Mehlrand verteilen. Abgedeckt 15 Min. ruhen lassen.
④ Das restliche Wasser sowie das eingeweichte Mehl den anderen Zutaten zugeben und alles zusammen zu einem Teig kneten und abgedeckt 30 Min. ruhen lassen.
⑤ Dann den Teig aus der Schüssel nehmen, in 4 gleich große Stücke teilen, zu runden Brote formen und abgedeckt 15 Min. liegen lassen.
⑥ Den Backofen vorheizen und ein Backblech mit Backpapier auslegen oder fetten.

⑦ Aus Backpapier 4 tennisballgroße Kugeln formen. Dann die Teigstücke mit der Hand leicht flach drücken (davon ein kleines Teigstückchen für den Knopf abtrennen), die Backpapier-Kugeln darauf legen und mit dem Teig einpacken.

⑧ Die Brottassen mit der glatten Seite nach oben auf das Backblech legen und einen kleinen Teigknopf aufsetzen. Die Suppentassen 50–60 Min. aufgehen lassen.

⑨ Die Suppentassen mit Backnatron nach Methode 1, 2 oder 3 belaugen (siehe S. 31). Den Knopf mit etwas Sesam bestreuen und um den Teigknopf mit der Gabel Einstiche machen. Dann die Brottassen auf unterer Schiene backen.

Schütten Sie eine Tasse kaltes Wasser in den vorgeheizten Backofen, sobald das Blech eingeschoben ist. Sofort die Ofentüre schließen, damit möglichst viel Dampf darin bleibt. Dadurch bleibt die Kruste länger elastisch und die Brottasse geht noch etwas auf, ohne einzureißen. Aber Achtung: Der Dampf ist sehr heiß!

c) Anrichten:

① Die ausgekühlten Suppentassen im oberen Viertel ringsherum mit einem scharfen Messer einschneiden und vorsichtig den Deckel abnehmen.

② Die Backpapier-Kugel herausnehmen und, wenn nötig, von Hand das Loch noch etwas vergrößern.
Achtung: Hat die Suppentasse ein Loch, einen Riss oder die Kruste ist zu dünn, dann läuft Ihnen die Suppe früher oder später davon ...

③ Die Suppe erst direkt vor dem Servieren einfüllen und den Deckel darauf setzen.

weitere Zutaten:

b) Brotteig:
200 g Weizenvollkornmehl
200 g Weizenmehl (Type 1050)
1/2 W. fr. Hefe (20 g)
250 ml Wasser
1 TL Salz
1/2 TL Knoblauchsalz
1/2 TL Paprikapulver (edelsüß)

Teiggewicht: ca. 890 g
100 g enthalten: ca. 982,8 kJ bzw. 234,7 kcal oder 3,8 BE

Hitze:
Elektro: 200° C
Umluft: 180° C
Gas: Stufe 3
Backzeit: 30–35 Min.

Weintipp: *Zu einem edlen Essen gehört auch ein edler Wein. Unsere Empfehlung ist der Riesling aus dem Mosel-Saar-Ruwer-Weingebiet vom Weingut Egon Müller zu Scharzhof.*

Dazu passt:

Kürbiscremesuppe

Kürbiscremesuppe:
- 1/2 kg Kürbisfleisch
- 2 Schalotten
- 30 g Butter
- 500 ml Hühnerfond oder -brühe
- etwas Salz, Pfeffer u. Gewürze a. d. Mühle
- 500 ml geschlagene Sahne
- 1/2 Bd. Basilikum

Zubereitung:
① Das Kürbisfleisch in nicht zu kleine Würfel schneiden.
② Die Schalotten schälen und klein hacken. In einem Topf die Butter erhitzen, die Schalotten dazugeben und glasig andünsten.
③ Das Kürbisfleisch und die Hühnerbrühe dazugeben und den Kürbis bei milder Hitze gar kochen.
④ Mit einem Mixstab oder Standmixer pürieren.
⑤ Nochmals im Topf leicht erhitzen, würzen und die Sahne einrühren. Basilikum waschen, Stiel entfernen und vor dem Servieren die Suppe bestreuen.

Riesen-Geburtstagsbrezel...
...auch für die Kleinen

Zutaten:
(für 1 große Brezel)
- 750 g Weizenmehl (Type 550)
- 3/4 W. fr. Hefe (30 g)
- 375 ml Milch
- 150 g Butter
- 1 1/2 TL Salz
- 1 TL Zucker

Teiggewicht: ca. 1320 g
100 g enthalten: ca. 1415,2 kJ bzw. 338 kcal oder 4 BE

Hitze:
Elektro:	200° C
Umluft:	180° C
Gas:	Stufe 3
Backzeit:	25–30 Min.

Zubereitung:
① Das Mehl in eine Schüssel sieben und in die Mitte eine Mulde drücken.
② Die Hefe in einem Teil der Milch auflösen, in die Mulde schütten und mit etwas Mehl verrühren.
③ Die Butter in Würfel schneiden und mit dem Salz und dem Zucker auf dem Mehlrand verteilen. Abgedeckt 20–30 Min. gehen lassen.
④ Die restliche Milch hinzufügen und alles zusammen zu einem glatten Teig kneten.
⑤ Den Teig aus der Schüssel nehmen und in 4 Stücke teilen. Alle Teigstücke länglich formen, auf ein bemehltes Backbrett legen und abgedeckt 30 Min. gehen lassen.
⑥ Den Backofen vorheizen und ein Blech mit Backpapier auslegen oder fetten.
⑦ Aus 3 Teigstücken Stränge von 35–40 cm ausrollen und zu einem Zopf flechten. Aus diesem Zopf wird nun die Brezel geformt. Dazu werden die beiden äußeren Drittel

des Zopfes etwas dünner gerollt. Die Mitte des Zopfes bleibt dabei unverändert.

⑧ Aus dem geflochtenen Teigstrang die Brezel formen und auf das Backblech legen.

⑨ Der restliche Teig wird ebenfalls in 3 Stücke geteilt und zu langen dünnen Strängen gerollt und geflochten. Aus dem langen dünnen Zopf die gewünschte Zahl formen bzw. zuschneiden und auf das Backblech in die Mitte der Brezel legen. Die Zahl sollte oben und unten an der Brezel anstoßen, damit sie mit der Brezel zusammenbäckt. Die Riesen-Geburtstagsbrezel muss nun etwa 30 Min. aufgehen.

Die Brezel mit Backnatron nach Methode 2 oder 3 belaugen (siehe S. 31) und auf mittlerer Schiene backen.

Diese Brezel ist eine richtige Überraschung als Geschenk. Für die über Achtzehnjährigen bringen Sie am besten gleich den Sekt zum Anstoßen mit. Wir empfehlen Ihnen dazu einen Riesling Brut vom Weingut A. Christmann in Gümmeldingen, Pfalz.

Bestreuen Sie nur die Zahl mit Mohn oder Sesam. So hebt die Zahl sich farblich von der restlichen Brezel ab und kommt sofort zur Geltung.

TIPP!

Festtagsplatte
mit Käseaufschnitt

Zutaten:
(für 1 Festtagsplatte)

a) Brotteig:
500 g Weizenmehl (Type 1050)
500 g Weizenmehl (Type 550)
1 W. fr. Hefe (40 g)
600 ml handw. Wasser
3 TL Salz
1 1/2 TL Zucker
20 g Margarine od. Butter

b) Bestreuen:
etwas Mohn
etwas Sesam
etwas Sonnenblumenkerne
etwas Kürbiskerne
etwas Haferflocken
etwas Brezelsalz/Kümmel

weitere Zutaten
siehe nächste Seite

Zubereitung:

① Das Mehl in eine Schüssel sieben und in die Mitte eine Mulde eindrücken. Die Hefe in einem Teil Wasser auflösen, in die Mulde schütten und mit etwas Mehl verrühren. Salz, Zucker und Margarine auf dem Mehlrand verteilen und abgedeckt 20 Min. gehen lassen.

② Das restliche Wasser zugeben und zu einem glatten Teig kneten. Den Teig abgedeckt 20 Min. ruhen lassen.

④ Von dem Teig werden 20 Teigstücke (etwa 30 g schwer) abgewogen und rund geformt. Der restliche Teig wird mit einem Nudelholz auf gewünschte Größe ausgewellt (rund oder eckig).

⑤ Backofen vorheizen. Ein Backblech mit Backpapier auslegen oder fetten und die Teigplatte darauf legen. Mit einer Gabel die Teigplatte mehrfach einstechen, dann den Teigrand mit Wasser abstreichen.

⑥ Die abgewogenen Teigstücke zu kleinen runden Brötchen formen und nach Methode 2 belaugen (siehe S. 31). Dann in verschiedene Körner, Salz oder Kümmel eintauchen und auf den Rand der Teigplatte setzen. Die Festtagsplatte abdecken und etwas aufgehen lassen. Dann auf mittlerer Schiene backen.

Je nach Anlass lassen sich verschiedene Formen von Festtagsplatten herstellen. Als Herzform mit Wurstaufschnitt oder quadratisch mit aufgeschnittenem rohen Gemüse, zum Eintauchen in Salatdressing. Oder ein Weihnachtsstern für den Heiligen Abend?

weitere Zutaten:

c) Belag:
Käse- od. Wurstaufschnitt nach Wunsch

Teiggewicht: ca. 1800 g
100 g enthalten: ca. 1159,5 kJ bzw. 276,9 kcal. oder 4,1 BE

Hitze:
Elektro: 210° C
Umluft: 190° C
Gas: Stufe 3–4
Backzeit: 35–40 Min.

Weintipp: Als hervorragenden Begleiter dieser Festplatte empfehlen wir Ihnen einen Riesling aus der Pfalz, großes Gewächs, aus bester Lage Freundstück in Forst vom Weingut Georg Mosbacher.

Gourmet-Osterbrot

Zubereitung:

a) Vorarbeiten:
① Die Zwiebel und die Knoblauchzehe schälen und fein schneiden. Dann in einer Pfanne im Olivenöl kurz andämpfen.
② Die Paprikaschoten waschen, von Rippen und Kernen befreien und in kurze feine Streifen schneiden, mit in die Pfanne geben und ebenfalls kurz mitdünsten.
③ Das angedünstete Gemüse mit dem Knoblauchsalz würzen, aus der Pfanne in eine Schüssel geben und auskühlen lassen. Dann erst den geriebenen Emmentaler Käse hinzufügen.
④ Das Mehl darüber streuen und kurz untermengen.

Zutaten:
(für 1 Brot)

a) Vorarbeiten:
1 kl. Zwiebel
1 Knoblauchzehe
2 EL Olivenöl
½ rote Paprikaschote
½ grüne Paprikaschote
½ TL Knoblauchsalz
100 g ger. Emmentaler Käse
1 EL Mehl

b) Gourmetteig:
600 g Weizenmehl (Type 550)
100 g Roggenmehl (Type 1150)
400 ml handw. Wasser
½ W. fr. Hefe (20 g)
1 ½ TL Salz

Teiggewicht: ca. 1435 g
100 g enthalten: ca. 1058,7 kJ bzw. 252,9 kJ oder 3,6 BE

Hitze:	
Elektro:	200° C
Umluft:	180° C
Gas:	Stufe 3
Backzeit:	50–55 Min.

b) Gourmetteig:
① Das Mehl in eine Schüssel sieben.
② Das Wasser mit der darin aufgelösten Hefe sowie das Salz zufügen und zu einem glatten Teig kneten.
③ Die Gemüse-Käse-Mischung zugeben und unter den Teig kneten. Den Teig abdecken und 30 Min. gehen lassen.
④ Den Teig aus der Schüssel nehmen, in 2 Stücke teilen und diese zu Strängen von etwa 40 cm Länge rollen.
⑤ Den Backofen vorheizen. Ein Blech mit Backpapier auslegen oder fetten.
⑥ Einen Teigstrang in 7 weitere Stücke teilen. Davon wird nun 1 Stück, mit der Schnittstelle nach oben, auf die Backblechmitte gelegt und die anderen 6 Stücke ebenso kreisförmig um das Mittelstück herum.
⑦ Nun wird der zweite Teigstrang wie ein Band um die 7 Teigstücke gelegt. Das Gourmet-Osterbrot abdecken und 30–40 Min. aufgehen lassen.
⑧ Das Gourmetbrot mit Backnatron nach Methode 2 oder 3 belaugen (siehe S. 31) und auf mittlerer Schiene backen.

Verpacken Sie 7 hühnereigroße Kartoffeln in Alufolie. Bestreichen Sie die Alufolie mit etwas Speiseöl, drücken Sie diese verpackten Kartoffeln jeweils in die Mitte der aneinander gelegten Teigstücke leicht in den Teig ein und backen Sie sie mit. Nach dem Backen nehmen Sie die Kartoffeln vorsichtig heraus und kontrollieren Sie, dass keine Rückstände der Alufolie im Teig bleiben. Auf diese einfache Weise bekommen Sie die Vertiefungen für die eingefärbten Ostereier.

Am Osterfest ist ein trockener Rotwein einfach obligatorisch. Wir empfehlen Ihnen den Bermatinger Leopoldsberg Spätburgunder trocken -S-, ein Wein vom „schwäbischen Meer" (Bodensee) aus dem Weingut des Max Markgraf von Baden.

Interessant dazu: ein „Café Brasil" von Willy Hagen, eine gleichmäßige, volle Tasse ohne Säuren.

Herzhaftes Herzbrot

Zubereitung:

a) Vorteig:
① Das Roggenmehl in eine Schüssel geben.
② Die Hefe im Wasser auflösen, zum Roggenmehl geben und von Hand miteinander vermengen. Abdecken und 1 Std. gehen lassen.

b) Brotteig:
① Das Mehl mit dem Johannisbrotkernmehl in eine Schüssel geben und trocken vermischen.
② Den Vorteig, den Rotwein und das Salz zugeben und so lange kneten, bis der Teig sich von der Schüssel löst.
③ Etwa 1/4 des Teiges für die Verzierungen beiseite legen.
④ Jetzt die etwas zerkleinerten Walnüsse, den gewürfelten Speck und den fein gehackten Schnittlauch zugeben und kurz unter den Teig kneten. Abdecken und 30 Min. ruhen lassen.

Zutaten:
(für 1 Herzbrot)

a) Vorteig:
150 g Roggenmehl (Type 1150)
1/2 W. fr. Hefe (20 g)
150 ml handw. Wasser

b) Brotteig:
550 g Weizenmehl (Type 550)
1 TL Johannisbrotkernmehl
350 ml Rotwein
2 TL Salz
150 g Walnüsse
150 g Speck
1/2 Bd. Schnittlauch

Teiggewicht: ca. 1580 g
100 g enthalten: ca. 1163,7 kJ bzw. 277,9 kcal oder 3,2 BE

Hitze:
Elektro: 200° C
Umluft: 180° C
Gas: Stufe 3
Backzeit: 50–60 Min.

Mit einer Schere lassen sich wunderschöne Muster auf das besondere Herzbrot schneiden. Lassen Sie Ihrer Fantasie einfach freien Lauf.

⑤ Danach den Teig mit einem Nudelholz etwa 3 cm dick auswellen und mit einem Messer ein Herz ausschneiden. (Aus dem übrig bleibendem Teigabschnitt können Brötchen geformt werden.)
⑥ Backofen vorheizen und ein Backblech mit Backpapier auslegen oder fetten.
⑦ Das Teigherz auf das Backblech legen und aus dem beiseite gelegten Teig (ohne Speck und Nüsse) einen Teigstrang rollen und um das Teigherz legen.
⑧ Ist noch Teig vorhanden, können daraus Rosen geformt werden. Dazu den Teig sehr dünn auswellen und kleine Kreise ausstechen. Daraus die Rosen formen, auf das Herz legen und etwas andrücken.
⑧ Das Herzbrot muss jetzt aufgehen und wird dann mit Backnatron nach Methode 2 oder 3 belaugt (siehe S. 31) und auf mittlerer Schiene gebacken.

Für Ihren Geliebten ist zum Herzbrot ein Münzberg Cuvée das passende Geschenk. Ein Cuvée aus Spätburgunder und Dornfelder vom Weingut Münzberg in der Pfalz.

Weintipp:

Kaffeetipp: *Für eine fröhliche und festliche Runde am Abend passt jederzeit ein frödo Columbia, entcoffeiniert.*

Zutaten:

(für 4 Ährenbrote)

a) Vorteig
50 g Roggenmehl (Type 1150)
100 g Weizenmehl (Type 550)
½ W. fr. Hefe (20 g)
100 ml handw. Wasser

weitere Zutaten
siehe nächste Seite

Gewürz-Ährenbrot
zum Erntedank

Zubereitung:

a) Vorteig
① Roggen- und Weizenmehl in eine Schüssel geben.
② Die Hefe im Wasser auflösen, zum Mehl geben und zu einem Teig kneten. Abgedeckt 2–3 Std. gehen lassen.

b) Brotteig:
① Das Mehl in eine Schüssel sieben, den Vorteig und das Wasser zugeben und zu einem Teig verkneten.
② Nach kurzem Kneten Salz und Gewürze zugeben und den Teig so lange kneten, bis er sich vollständig von der Schüssel löst. Abgedeckt 15 Min. ruhen lassen.

③ Den Teig aus der Schüssel nehmen, in 4 gleich große Stücke teilen und zu langen Strängen (ährenförmig, auf die Länge des Backblechs) rollen.
④ Den Backofen vorheizen und ein Blech mit Backpapier auslegen oder fetten. Die Stränge auf das Backblech legen und etwas aufgehen lassen.
⑤ Die Teigstränge mit Backnatron nach Methode 2 oder 3 belaugen (siehe S. 31).
⑥ Dann mit einer Schere Ähren einschneiden. Dazu wird das Backblech so gelegt, dass der Teigstrang von der zu schneidenden Person wegzeigt. Am unteren Ende der Ähre setzt man die Schere an und schneidet schräg Ringe ab, die man einfach nach links, das andere Mal nach rechts fallen lässt. So schneidet man bis zum oberen Ende der Ähre.

weitere Zutaten:

b) Brotteig
350 g Weizenmehl (Type 550)
220 ml handw. Wasser
1 ½ TL Salz
½ TL ganzer Kümmel
½ TL gem. Kümmel
½ TL Kardamon
1 Msp. gem. Fenchel

Teiggewicht: ca. 865 g
100 g enthalten: ca. 1030,3 KJ bzw.
246,1 kcal oder 4,2 BE

Hitze:	
Elektro:	200° C
Umluft:	180° C
Gas:	Stufe 3
Backzeit:	35–40 Min.

Weintipp: Zum Erntedank gehört natürlich ein besonderer Wein. Wir empfehlen Ihnen, zum Gewürz-Ährenbrot den Silvaner Kabinett trocken vom Weingut Simon-Bürkle aus Zwingenberg, Hessische Bergstraße, zu servieren.

Zutaten:
(für 4–5 Personen)
a) Zopfteig:
350 g Weizenmehl (Type 405)
1/2 W. fr. Hefe (20 g)
125 ml warme Milch
50 g weiche Butter
1 fr. Ei
1 1/2 TL Salz

weitere Zutaten
siehe nächste Seite

Gefüllter Zopf

Zubereitung:

a) Zopfteig:

① Das Mehl in eine Schüssel sieben und in die Mehlmitte eine Mulde eindrücken.

② Die Hefe in etwas warmer Milch auflösen, in die Mulde gießen und mit etwas Mehl bestreuen. Den Vorteig abgedeckt ca. 15 Min. ruhen lassen.

③ Die restliche Milch, Butter in Flöckchen, das Ei und Salz dazugeben und alles zu einem glatten Teig kneten. Den Teig schlagen, bis er Blasen wirft und abgedeckt 30–40 Min. ruhen lassen.

④ Den Teig auf einer leicht bemehlten Unterlage in ein ca. 1/2 cm dickes Rechteck auswellen. Das Rechteck längs in 3 etwa gleich große Felder einteilen. Die beiden äußeren Felder so einschneiden, dass (von oben gesehen) links und rechts vom mittleren Feld lauter ca. 2 cm breite Teigstreifen abstehen.

b) Füllung:

① Das mittlere Feld mit den Semmelbröseln bestreuen. Die Petersilie waschen, abtropfen lassen, abzupfen und großzügig klein hacken. Die Schalotte häuten, fein würfeln und in einer Pfanne mit der Butter andünsten.

② Den Schinken und die Essiggurken in feine Streifen schneiden. Die Tomate waschen und in kleine Würfel schneiden. Für die Füllung den Schinken, Essiggurken, Tomate, Petersilie, Schalotte, Kalbsbrät, Eier und Stärkemehl in einer Schüssel vermischen und würzen.

③ Die Füllung auf das mittlere Teigfeld verteilen und glätten. Die Teigstreifen abwechselnd von links und rechts her über die Füllung hin einschlagen. Die Teigstreifen dabei wie beim Flechten etwas überkreuzen lassen.

④ Den Backofen vorheizen. Ein Blech mit Backpapier auslegen oder fetten.

⑤ Den gefüllten Zopf auf das Backblech legen, mit Backnatron nach Methode 2 oder 3 belaugen (siehe S. 31) und auf mittlerer Schiebeleiste backen.

⑥ Vorsichtig vom Blech nehmen und noch warm servieren.

weitere Zutaten:

b) Füllung:
6 EL Semmelbrösel od. Paniermehl
1/2 Bd. Petersilie
1 Schalotte
1 EL Butter
150 g gekochter Schinken
3 Essiggurken
1 Tomate
400 g Kalbsbrät
2 fr. Eier
1 TL Stärkemehl
etwas Salz und Pfeffer
etwas Oregano od. italienische Kräutermischung

Teiggewicht: ca. 605 g
100 g enthalten: ca. 864,6 kJ bzw. 206,5 kcal oder 1,9 BE

Hitze:
Elektro: 200° C
Umluft: 180° C
Gas: Stufe 3
Backzeit: 35–40 Min.

Weintipp: Dazu empfehlen wir die Rieling Auslese vom Niersteiner Hipping aus dem Weingut Heinrich Seebrich in Nierstein, Rheinhessen.

Mürbe Aussstecher

Zutaten:
(für 30–40 Teile)
250 g Weizenmehl (Type 405)
125 g Butter
2 fr. Eier
1 TL Salz
60 g ger. Greyerzer Käse
etwas grobes, gekörntes Salz,
  Kümmel u. Sesam zum
  Bestreuen

Teiggewicht: ca. 530 g
100 g enthalten: ca. 1848,0 kJ bzw.
  441,4 kcal. oder 3,0 BE

Hitze:
Elektro: 200° C
Umluft: 180° C
Gas: Stufe 3
Backzeit: 10–15 Min.

Zubereitung:
① Das Mehl auf eine Backunterlage sieben und in die Mehlmitte eine Mulde eindrücken.
② Butterflöckchen, Eier, Salz und geriebenen Käse in die Mulde geben und mit einem Messer, stets von außen zur Mitte hin arbeitend, zu einem Mürbeteig kneten, zu einem Ballen formen und 30 Min. kühl stellen.
③ Den Backofen vorheizen. Ein Blech mit Backpapier auslegen oder fetten.
④ Den Teig auf einer leicht bemehlten Backunterlage etwa $\frac{1}{2}$ cm dick auswellen, mit einem bemehlten Förmchen ausstechen und die Teile auf das Backblech legen.
⑤ Den ausgestochenen Mürbeteig mit Backnatron nach Methode 2 oder 3 belaugen (siehe S. 31) und mit Salz, Sesam oder Kümmel bestreuen.
⑥ Auf der mittleren Schiebeleiste 10–15 Min. backen, vorsichtig vom Backblech nehmen und auf einem Kuchengitter abkühlen lassen.

Laden Sie zur deutschen Weinprobe ein.

Mit dem mürben und doch leicht deftigem Gebäck als Grundlage, empfehlen wir Ihnen eine Weinprobe vom Süden Deutschlands bis zum Osten. Da wird jedem klar, wie unterschiedlich die Menschen und ihre Lebensweisen wohl sein müssen.

Weingut Fischer: *Auxerrois Spätlese trocken (Baden)*.
Auxerroir ist eine sehr alte Variation der Pinot Blaue Rebe. In den warmen, tiefgründigen Lagen Badens bringt Sie diesen duftig eleganten Wein hervor.

Karl H. Johner: *Grauer Burgunder (Baden)*.
Dieser Kaiserstühler Klassiker mit seiner Eleganz und seinem wunderbar strukturierten Fruchtaroma darf bei der Weinprobe nicht fehlen.

Weingut Dr. Wehrheim: *Alt Johannisberg Brut rose (Pfalz)*.
Mit diesem prickelnden Sekt ist beim Empfang Ihrer Party schon die richtige Stimmung im Gange.

Weingut Dr. Crusius: *Traiser Weißburgunder trocken (Nahe)*.
Vom bekannten, bereits von J. W. von Goethe gerühmten Weingebiet Nahe mit seinen berühmten Steilhängen empfehlen wir unbedingt den Traiser Weißburgunder von Dr. Crusius nicht unversucht zu lassen.

Fürstliches Castell´sches Domänentamt: *Castell Silvaner + Traminer (Franken)*.
Dieser Weißwein mit alter Tradition hat eine wunderbare Fülle und aromatische Komponente, die ihre Verehrer hat und bei keiner Weinprobe fehlen soll.

Weingut Lützkendorf: *Traminer Auslese (Saale-Unstrut)*.
Der Karlsdorfer Hohe Gräte ist eine hervorragende Weinlage. Daraus empfehlen wir die feine Traminer Auslese.

Verzeichnis der in diesem Buch aufgeführten Weingüter, Winzer und Kaffeeröstereien

Aldinger, Gerhard
Schmerstr. 25
70734 Fellbach
Tel. 07 11/58 14 17
Fax 07 11/58 14 88
Anbaugebiet: Württemberg

Max Markgraf von Baden
Schloß Salem
88682 Salem
Tel. 0 75 53/8 12 84
Anbaugebiet: Baden

Becker, J. B.
Rheinstr. 6
65396 Walluf
Tel. 0 61 23/7 48 90
Anbaugebiet: Rheingau

Bercher
Mittelstadt 13
79235 Vogtsburg-Burkheim
Tel. 0 76 62/2 12
Fax 0 76 62/82 79
Anbaugebiet: Baden

Bergsträsser Winzergenossenschaft eG
Kettelerstr. 29
64646 Heppenheim/Bergstraße
Tel. 0 62 52/7 56 54
Fax 0 62 52/78 82 56
Anbaugebiet:
Hessische Bergstraße

Born, Günther
Wanslebener Str. 3
06179 Höhnstedt
Tel. 03 46 01/2 29 30
Fax 03 46 01/2 00 39
Anbaugebiet: Saale-Unstrut

Brüder Dr. Becker
Mainzer Str. 3–7
55 278 Ludwigshöhe
Tel. 0 62 49/84 30
Fax 0 62 49/76 39
Anbaugebiet: Rheinhessen

Bucher, Jean
Wormser Str. 4
67595 Bechtheim
Tel. 0 62 42/8 72
Fax 0 62 42/8 75
Anbaugebiet: Rheinhessen

Christmann, A.
Peter-Koch-Str. 43
67435 Gimmeldingen
Tel. 0 63 21/6 60 39
Fax 0 63 21/6 87 62
Anbaugebiet: Pfalz

Clauß, Susanne und Berthold
Obere Dorfstraße 39
79807 Lottstetten/Nack
Tel. 0 77 45/54 92
Fax 077 45/92 79 51
Anbaugebiet: Baden

Dr. Crusius
Hauptstr. 2
55595 Traisen
Tel. 06 71/3 39 53
Fax 06 71/2 82 19
Anbaugebiet: Nahe

Dautel, Ernst
Lauerweg 55
74357 Bönnigheim
Tel. 0 71 43/87 03 26
Fax 0 71 43/87 03 27
Anbaugebiet: Württemberg

Drautz-Able
Faißtstr. 23
74076 Heilbronn
Tel. 0 71 31/17 79 08
Fax 0 71 31/94 12 39
Anbaugebiet: Württemberg

Ellwanger, Jürgen
Bachstr. 21
73650 Winterbach
Tel. 0 71 81/4 45 25
Fax 0 71 81/4 61 28
Anbaugebiet: Württemberg

Emrich/Schönleber
Naheweinstr. 10 a
55569 Monzingen
Tel. 0 67 51/27 33
Fax 0 67 51/48 64
Anbaugebiet: Nahe

Fischer
Nimburg
Bestelladresse siehe
Weingut Dr. Heger
Anbaugebiet: Baden

Freiherr zu Knyphausen
Klosterhof Drais
65346 Erbach
Tel. 0 61 23/6 21 77
Fax 0 61 23/43 15
Anbaugebiet: Rheingau

Fürst
Hohenlindenweg 46
63927 Bürgstadt
Tel. 0 93 71/86 42
Fax 0 93 71/6 92 30
Anbaugebiet: Franken

Fürstliches Castell'sches Domäneamt
Schlossplatz 5
97335 Castell
Tel. 0 93 25/6 01 70
Fax 0 93 25/6 01 85
Anbaugebiet: Franken

Graf von Neipperg
Im Schloß
74190 Schwaigern
Tel. 0 71 38/94 14 00
Fax 0 71 38/40 07
Anbaugebiet: Württemberg

Gugel, Hermann und Christian
Kreuzberg 46
72070 Tübingen
Tel. 0 70 71/4 16 60
Fax 0 70 71/7 93 66 11
Anbaugebiet: Württemberg

Haag, Fritz
Dusemonder Str. 44
54472 Brauneberg
Tel. 0 65 34/4 10
Fax 0 65 34/13 47
Anbaugebiet: Mosel/Saar/Ruwer

Hagenbucher, Thomas
Friedrichstr. 36
75056 Sulzfeld
Tel. 0 72 69/91 11 20
Fax 0 72 69/91 11 22
Anbaugebiet: Baden

Dr. Heger
Bachenstr. 19-21
79241 Ihringen/Kaiserstuhl
Tel. 0 76 68/2 05 oder 78 33
Fax 0 76 68/93 00
Anbaugebiet: Baden

Heymann/Löwenstein
Bahnhof 10
56333 Winningen
Tel. 0 26 06/19 19
Fax 0 26 06/19 09
Anbaugebiet: Mosel/Saar/Ruwer

Johannishof
Grund 63
06722 Johannisberg
Tel. 0 67 22/82 16
Fax 0 67 22/63 87
Anbaugebiet: Rheingau

Johner, Karl H.
Gartenstr. 20
79235 Vogtsburg-Bischoffin-
 gen/Kaiserstuhl
Tel. 0 76 62/60 41
Fax 0 76 62/83 80
Anbaugebiet: Baden

Jost, Toni
Oberstr. 14
55422 Bacharach
Tel. 0 67 43/12 16
Fax 0 67 43/10 76
Anbaugebiet: Mittelrhein

Karthäuserhof
54292 Eitelsbach/Karthäuserhof
Tel. 06 51/51 21
Fax 06 51/5 35 57
Anbaugebiet: Mosel/Saar/Ruwer

Keller
Bahnhofstr. 1
67592 Flörsheim-Dalsheim
Tel. 0 62 43/4 56
Fax 0 62 43/66 86
Anbaugebiet: Rheinhessen

Künstler, Franz
Freiherr-vom-Stein-Ring 3
65239 Hochheim
Tel. 0 61 46/8 25 70
Fax 0 61 46/57 67
Anbaugebiet: Rheingau

Laible, Andreas
Am Bühl 6
77770 Durbach
Tel. 0 78 1/4 12 38
Fax 0 78 1/3 83 39
Anbaugebiet: Baden

Leitz, Josef
Theodor-Heuss-Str. 5
65385 Rüdesheim
Tel. 0 67 22/4 87 11
Fax 0 67 22/4 76 58
Anbaugebiet: Rheingau

Dr. Loosen
St. Johannishof
54470 Bernkastel
Tel. 0 65 31/34 26
Fax 0 65 71/14 63 28
Anbaugebiet: Mosel-Saar-Ruwer

Lützkendorf
Saalberge 31
06628 Bad Kösen
Tel. 03 44 63/6 10 00
Fax 03 44 63/6 10 01
Anbaugebiet: Saale-Unstrut

Michel-Pfannebecker
Langgasse 18 – 19
55234 Flomborn
Tel. 0 67 35/3 55
Fax 0 67 35/83 65
Anbaugebiet: Rheinhessen

Mosbacher, Georg
Weinstr. 27
67147 Forst
Tel. 0 63 26/3 29
Fax 0 63 26/67 74
Anbaugebiet: Pfalz

Meyer-Näkel
Hardtbergstr. 20
53507 Dernau
Tel. 0 26 43/16 28
Fax 0 26 43/33 63
Anbaugebiet: Ahr

Müller, Matthias
Mainzer Str. 45
56322 Spay
Tel. 0 26 28/87 41
Fax 0 26 28/33 63
Anbaugebiet: Mittelrhein

Müller-Scharzhof, Egon
Scharzhof
54459 Wiltingen
Tel. 0 65 01/1 72 32
Fax 0 65 01/15 02 63
Anbaugebiet: Mosel-Saar-Ruwer

Münzberg
76829 Landau-Godramstein
Tel. 0 63 41/6 09 35
Fax 0 63 41/6 42 10
Anbaugebiet: Pfalz

Nelles
Göppinger Str. 13
53474 Heimersheim
Tel. 0 26 41/2 43 49
Fax 0 26 41/7 95 86
Anbaugebiet: Ahr

Prinz zu
Salm-Dalberg'sches Weingut
Schloss Wallhausen
Schloßstr. 3
55595 Wallhausen
Tel. 0 67 06 / 94 44 0
Fax 0 67 06 / 94 44 24
Anbaugebiet: Nahe

Schales
Alzeyer Str. 160
67592 Flörsheim-Dalsheim
Tel. 0 62 43 / 70 03
Fax 0 62 43 / 52 30
Anbaugebiet: Rheinhessen

Schloss Proschwitz
Reichenbach 2
01665 Proschwitz über Meißen
Tel. 0 35 21 / 76 76 0
Fax 0 35 21 / 76 76 76
Anbaugebiet: Sachsen

Schmitt´s Kinder
Am Sonnenstuhl
97236 Randersacker
Tel. 09 31 / 7 05 91 97
Fax 09 31 / 7 05 91 98
Anbaugebiet: Franken

Seebrich, Heinrich
Schmiedgasse 3
55283 Nierstein
Tel. 0 61 33 / 6 01 50
Fax 0 61 33 / 6 01 65
Anbaugebiet: Rheinhessen

Simon-Bürkle
Wiesenpromenade 13
64673 Zwingenberg
Tel. 0 62 51 / 7 64 46
Fax 0 62 51 / 78 86 41
Anbaugebiet: Hessische Bergstraße

Thüringer Weingut
Andreas Clauss
Ortsteil Sonnendorf Nr. 17
99518 Bad Sulza
Tel. 03 64 61 / 2 06 00
Fax 03 64 61 / 2 08 61
Anbaugebiet: Saale-Unstrut

Villa Sachsen
Mainzer Str. 184
55411 Bingen
Tel. 0 67 21 / 99 05 75
Fax 0 67 21 / 1 73 86
Anbaugebiet: Rheinhessen

Dr. Wehrheim
Weinstr. 8
76831 Birkweiler
Tel. 0 63 45 / 35 42
Fax. 0 63 45 / 38 69
Anbaugebiet: Pfalz

Zimmerling, Klaus
Bergweg 27
01326 Dresden-Pillnitz
Tel. 03 51 / 2 61 87 52
Fax 03 51 / 2 61 87 52
Anbaugebiet: Sachsen

Kaffeeröstereien:

Frödo Kaffeerösterei
Gutenbergstr. 120
70197 Stuttgart-West
Tel. 07 11 / 65 86 88 5
Fax 07 11 / 56 86 88 7

Willy Hagen GmbH
Christophstr. 13
74076 Heilbronn
Tel. 0 71 31 / 1 55 54-0
Fax 0 71 31 / 1 55 54-23

Die Liste der Weingüter und Kaffeeröstereien erhebt nicht den Anspruch auf Vollständigkeit und die Reihenfolge ist nicht als Wertung zu verstehen.

Die Autoren

Hanna Renz

Hanna Renz ist 37 Jahre alt, verheiratet und Mutter von 5 Kindern.

Sie ist in einem malerischen ländlichen Städtchen im Schwarzwald aufgewachsen. Schon früh ist sie mit der Landbackstube der Großeltern und Eltern vertraut gemacht worden und hat sich mit großem Interesse dieser Tätigkeit gewidmet. Im Holzbackofen des dörflichen Backhäusles wurden das Bauernbrot, Zwiebelkuchen, Weckle und Brezeln gebacken.

Mit den erworbenen Erfahrungen und Kenntnissen im hauswirtschaftlichen Bereich und vielen Jahren freiberuflicher künstlerischer Tätigkeit hat sie vor einigen Jahren begonnen, Bücher zu schreiben. Zwei ihrer Bücher wurden bereits zu Bestsellern.

Dieses Buch ist für sie etwas Besonderes, denn es ist ihr 10. Backbuch, das veröffentlicht wird. Schon viele Jahre schwelgte die Grundidee dieses Buches in ihr. Nachdem dieser Titel mit dem Landbuch Verlag zustande kam, lernte sie Simon Buck als Bäcker-Bestmeister kennen und zog ihn mit ins Laugenboot. Somit ist dieses Buch, das Sie in den Händen halten, ihr Jubiläumstitel.

Simon Buck

Simon Buck, 1978 geboren, ist als jüngster Sohn einer kinderreichen Familie auf dem Lande in Baden-Württemberg aufgewachsen. Schon als Kind wagte er seine ersten Backversuche und bemerkte bald, dass Backen auch Spaß macht. Seiner Entscheidung zur Ausbildung als Bäcker, dann als Konditor folgten Pläne wie: Die Welt des Backens zu erkunden.

Zwei Jahre in einer der besten Bäckereien in Gstaad (Berner Oberland, Schweiz), dann drei Jahre im Nahen Osten als Leiter einer Bäckerei in einem israelischen Kinderheim sowie Reisen durch verschiedene Kontinente prägten sein Leben.

2004 wurde er nach erfolgreicher Beendigung der Meisterschule zum Bäcker-Bestmeister im Bäckerhandwerk geehrt. Zurzeit besucht er die Meisterschule der Konditoren und lässt sich zum Betriebswirt des Handwerks ausbilden.

Danksagung

Unser ganz besonderer Dank gilt den folgenden Firmen für ihre Leihgaben und freundliche Unterstützung: Silit-Werke in Riedlingen · Auerhahn Bestecke in Altensteig · Villeroy & Boch Porzellan in Mettlach · Karl-Heinz Häußler GmbH in Heiligkreuztal · Arnold Holste Wwe. (Kaiser Natron) in Bielefeld · allen beteiligten Winzern und Weingütern · Frödo Kaffeerösterei in Stuttgart · Hagen Kaffee- und Teehaus in Heilbronn

... und Dank für die technische Unterstützung an Friedemann Hack.

Register

1.-August-Brötchen 62
Amarant-Pflasterstein 87
Apfelmatjes 76
Apfel-Schmalz-Aufstrich 43
Ausstecher, mürbe 150
Avocado-Dipp 136

Bagels, belaugte 75
Bagels, gefüllte 113
Bärlauchbrezel mit Pinienkernen 49
bayrische Laugenbrezel 56
Möhren-Bagels, belaugte 78
Bierbagels, belaugte 72
Blitz-Quarkteig-Brezel 53
Brezel, gefüllte 44
Brezeln, mürbe 41
Brezelsuppe 133
Butter-Laugenbrioche 74
Buttermilch-Haferbrot 90
Buttermilch-Mütschele 70

Crissini – extra lang 134
Crissini-Dipp 135

Dinkel-Burger 127
Dinkel-Laugenbrezel 48
Dinkel-Quark-Ecken 72
Dinkelvollkorn-Laugencroissant 126
Dinki-Überraschungsbrot 84

Eieraufstrich 92
Erdbeerkonfitüre 68
Erdnussbrot 83

feine Tomatensuppe 64
Festtagsplatte mit Käseaufschnitt 142
Feta-Teigecken aus Quarkblätterteig 118
Fische und Spatzen 108
Fleischsalat 71
Frühstückszopf 98

Gemüse-Mozzarella Calzone 121
Gewürz-Ährenbrot zum Erntedank 146
Gipfelbrötli 62
Gourmet-Osterbrot 143
Greyerzer-Speck-Laible 80
Grünkernaufstrich 85

Hackfleischtaschen aus Butter-Joghurt-Teig ... 119
Herzbrot, herzhaftes 145

Igel, Maus und bunt belegte Käfer 104

Käsebrezel, blättrige 46
Käse-Fondue 137
Käse-Obst-Schiffchen 115
Käse-Paprikatörtchen 122
Kalbsleber-Aufstrich 51
Kartoffelbrezel 54
Kartoffelbrötchen 137
Kartoffel-Quarkteigschleife 112

Kastanienbrötchen 60
Knoblauchbrezel 54
Knopfbrötchen mit Oliven 103
Korkenzieher aus Blitz-Vollkornteig 107
Kümmelbrezel 52
Kürbiscremesuppe 140

Laugenchips 136
Laugencroissant 66
Laugenfladenbrot mit Kümmel und Sesam ... 91
Laugen-Halbweißbrot 88
Laugen-Käse-Muffins 132
Laugen-Pizzabrot 120
Laugenroulade mit Schalottenfüllung 124
Laugen-Schiffchen 114

Maiskolbenbrot 94
Maispfanne 95
Malzkaffee-Brotschnecke 92
Maroni-Aufstrich 61
Möhren-Bagels, belaugte 78
Möhrensalat 79

Nuss-Meerrettich-Ricotta-Aufstrich 86

Quark-Monde 116

Riesen-Geburtstagsbrezel 140
Rustikaler Salat 81

Salami-Käse-Aufstrich 106
Salzbrötchen mit Schinkenwurstfüllung 69
Salzbrötchen, handgeschlagen 68
Schafskäsedip 115
Schinkenschnecken 110
Schinken-Spargelröllchen 97
Schokoaufstrich 99
schwäbische Laugenbrezel 42
schwäbische Laugenbrötchen,
Stangen und Hörnchen 58
Schwarzwälder-Schinken-Aufstrich 73
Schweizer Käseauflauf 89
Sonnenblumenbaguette 96
Spinat-Gorgonzolataschen aus Croissantteig ... 128
Suppentassen aus Brotteig 138

Thunfisch-Salat 103
Tofu-Aufstrich 82
Tofubrot „light" 81
Tomatenbrötchen 64

Walnuss-Brotring 85
Weizen-Vollkorn-Bagels, belaugte 76
Weizenvollkornbrezel 50
Wirbelrad 101
Würstchen im Blätterteigrock 130

Zopf, gefüllter 148
Zöpfe mit Käse-Kornkruste 99
Zwiebelkrustis 65

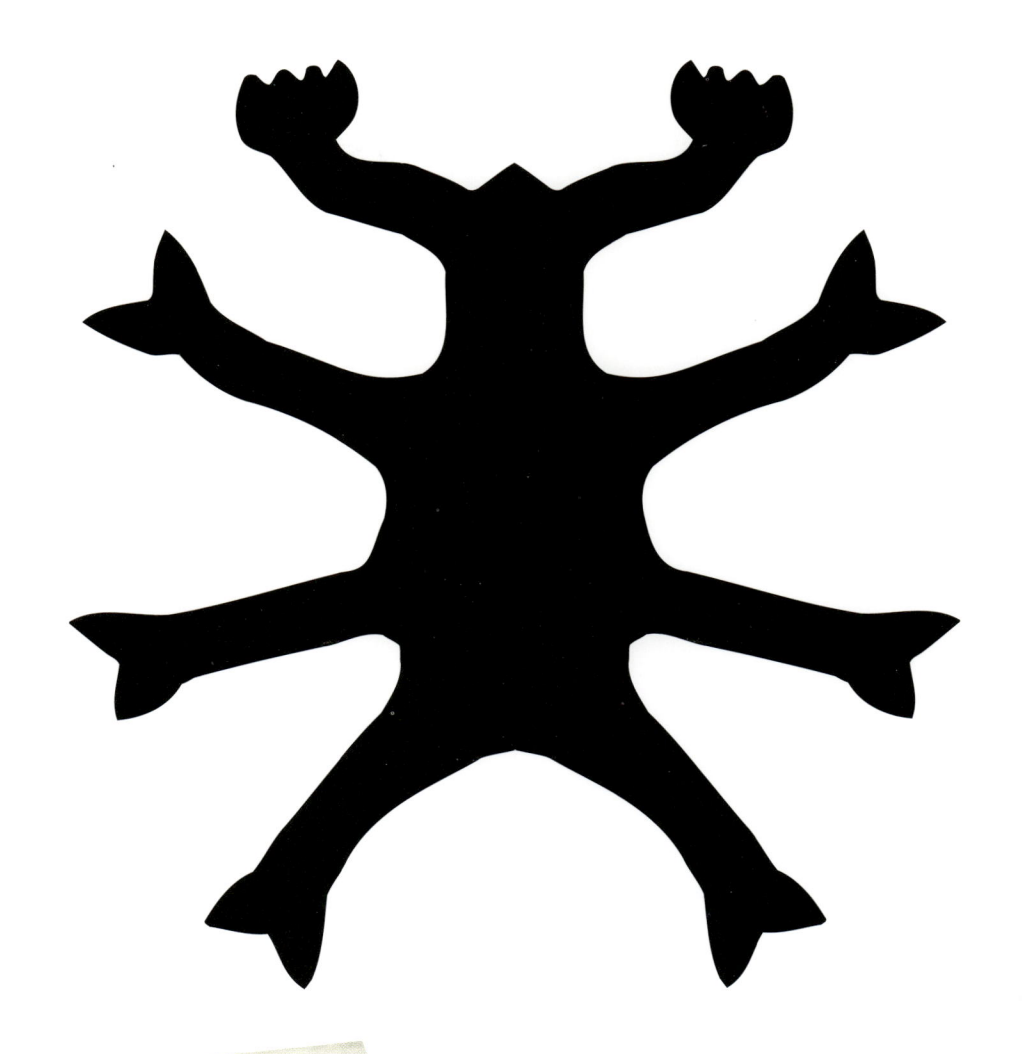

Die Käferschablone zum Rezept auf Seite 104/105

Seite heraustrennen und Schablonen aus schwarzem Tonpapier nach Vorlage anfertigen.

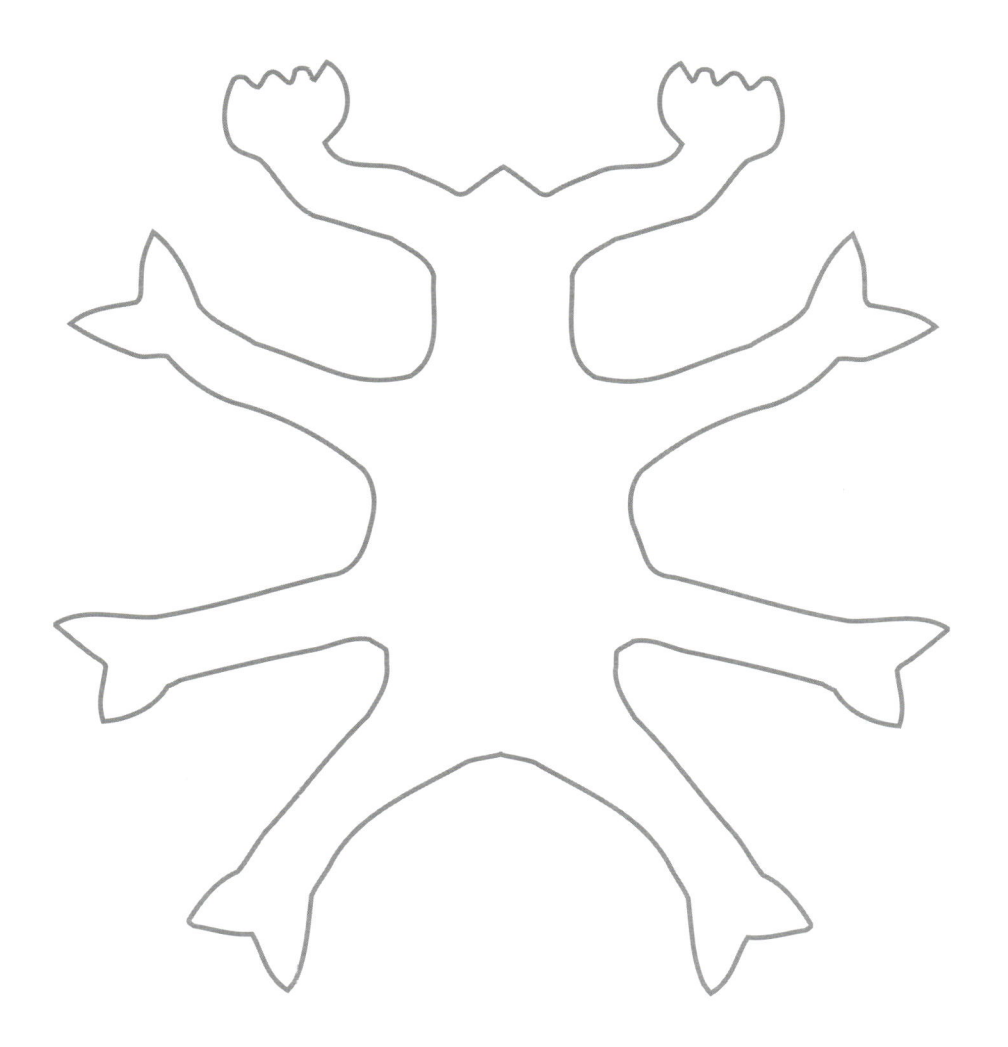

HÄUSSLER
SO WIRD NATUR KÖSTLICH

Gutes einfach selber machen!
Mit Geräten von HÄUSSLER

Besuchen Sie unsere Back- und Brezelkurse! Fragen Sie gleich unsere Termine an!

Karl-Heinz Häussler GmbH

In der Vorstadt
88499 Heiligkreuztal
Telefon 0 73 71 / 93 77-0
Fax 0 73 71 / 93 77- 40
www.haeussler-gmbh.de
info@haeussler-gmbh.de

Elektro-Steinbacköfen

Teigknetmaschinen

Nudelmaschinen

Außerdem finden Sie bei uns: Original Holzbacköfen, Getreidemühlen, Rauchschränke und vieles mehr.
Fordern Sie einfach unseren Gesamtkatalog an!

Kochen zu allen Jahreszeiten!

Landküche

Schlemmereien vom Schwein
770643N, 12,80 EUR

**Aromaschätze
wilde Früchte und Gewürze**
770642N, 14,80 EUR

Backofenträume – Gutes vom Blech
Nr. 770645N, 12,80 EUR

Suppen und Eintöpfe vom Lande
Nr. 770631N, 12,80 EUR

Gemüse querbeet
Nr. 770633N, 12,80 EUR

Leckeres aus der Kartoffelkiste
Nr. 770621N, 14,80 EUR

Brotrezepte aus ländlichen Backstuben
Nr. 770614N, 12,80 EUR

Kräuterschätze zum Kochen und Kurieren
Nr. 770608N, 12,80 EUR

Tortengeheimnisse aus Land- und Hofcafés
Nr. 770592N, 12,80 EUR

Speisekammer Wald & Heide
Nr. 770603N, 12,80 EUR

Frisches aus der Salatschüssel
Nr. 770615N, 12,80 EUR

Omas Rezepte
Nr. 770630N, 10,00 EUR

Omas Leckereien
Nr. 770634N, 10,00 EUR

Alle Preise verstehen sich zzgl. Versandkosten.

**Landbuch Verlag Bestellservice · Postfach 47 38 · 38037 Braunschweig
Tel. (0 18 05) 708 709 · Fax (05 31) 708 609 · Email: buch@landbuch.de**